북한 핵개발은
남한 보수정권에 의해
완성되었다!

북한 핵개발은
남한 보수정권에 의해 완성되었다!

김대호 통일 수기

보수 정권은 어제는 미국을 속여 북한을 핵무장 시키고, 오늘은 미국을 부추겨 그 핵폭탄을 터뜨릴 수밖에 없는 상황을 만들어 한반도를 핵 전쟁터로 몰아가고 있다.

북한 핵개발은
남한 보수정권에 의해 완성되었다!

초판 1쇄인쇄 2016년 4월 13일
초판 1쇄발행 2016년 4월 15일

저 자 김대호
발행인 박지연
발행처 도서출판 도화
등 록 2013년 11월 19일 제2013-000124호

주 소 서울시 송파구 성내천로 39
전 화 02) 3012-1030
팩 스 02) 3012-1031
전자우편 dohwa1030@daum.net
인 쇄 미래프린팅

ISBN | 979-11-86644-11-9*03340
정가 15,000원

도화道化, fool는
고정적인 질서에 대한 익살맞은 비판자,
고정화된 사고의 틀을 해체한다는 뜻입니다.

차례

보수정부를 고발한다

　　지금으로부터 22년 전(1994년) 나는 미국과 협상 중에 있던 북한이 가장 감추고 싶어 하는 정보를 가지고 두만강을 넘었다. 그러자 북한 당국은 김일성주석의 명의로 된 체포령을 중국정부에 의뢰하였다. 그것은 북한에서 전례가 없는 최초의 일이었다. 그만큼 내가 가진 정보는 북한당국이 반드시 감추어야할 초특급 정보였던 것이다.

　　그에 따라 중국공안은 동북 3성에 나의 수배령을 내렸다. 북한과 중국 양국이 나를 잡기 위한 체포 작전에 돌입한 것이다. 북한 보위부는 체포조를 파견하며 나를 현장에서 사살해도 좋다는 특명까지 내렸다. 내가 가진 정보가 절대로 세상에 알려져서는 안 되기 때문이었다.

　　당시 북한의 핵개발은 이미 2년 전에 대부분 동결되었을 뿐만 아니라, 더 이상 핵개발을 할 수 없을 정도까지 완전히 파괴되고 몰락한 상태였다. 미국의 대북 경제봉쇄 때문이었다.

　　1992년 1월 우라늄 생산이 중단되면서 핵연료봉 생산도 중단되었다. 미국의 대북 경제봉쇄 때문에 외화가 고갈되어 우라늄생산에 첨가되는 원료들을 수입할 수가 없고, 우라늄생산에 필요한 시설의 원자재들도 수입하지 못하면서 핵개발이 동결되기 시작한 것이다.

그리하여 1992년 1월 우라늄생산 공장은 전체 공정을 멈추고 바나듐 생산으로 전환하였다. 평산, 금천 지방에 매장된 3호 광석에는 우라늄 0.8%, 바나듐 1.4%가 함유되어 있는데, 우라늄을 생산하지 못하게 되자 바나듐 생산으로 전환한 것이다.

바나듐 생산에 첨가되는 황산은 북한이 자체생산을 하고 있었고, 또 바나듐은 기계를 가동하지 않고도 토법이라고 하는 원시적인 방법으로도 생산할 수 있기 때문이었다.

당시 바나듐 생산을 책임지고 있었던 나는, 김정일위원장의 6월 21일 지시로 그 바나듐을 수출하여 핵개발 자금을 확보하려고 많이 애썼지만 미국의 경제봉쇄 때문에 판로를 개척할 수가 없었다.

그 시기에 이르러 영변 핵단지에 건설 중이던 50MWe 원자로와, 태천에 건설 중이던 200MWe 원자로 공사도 중단되었다. 1994년 10월에 체결된 북미 제네바 합의문을 보면 그 원자로들과 핵연료봉 제조시설(영변 핵단지에서는 8월기업소라고 부름)을 동결시키는 조건이 포함되었는데, 이미 2년 전 1992년에 그 핵개발 시설들은 전면 동결되었던 것이다.

이어 핵개발부대 49여단이 건설하던 지하핵시설 공사도 중단되고, 핵개발부대 47여단에서 파견된 군인들이 건설하던 무수단 핵미사일 기지 공사도 중단되었다.

이와 같은 정보들은 당시 미국과 협상 중에 있던 북한이 가장 감추고 싶은 아킬레스건이었다. 핵개발을 동결한다는 명분으로 협상력을 최대한 높이며, 미국을 비롯한 국제사회로부터 될수록 많은 지원을 뜯어내야 하는데, 이미 핵개발이 전반적으로 동결되었다는 정보가 국제사회에 흘러나가면 최후의 협상카드를 잃게 되기 때문이었다. 그래서 북한당국은 김일성주석의 명의로 된 체포령까지 중국정부에 의뢰하며 나를 잡기 위해 혈안이 된 것이었다.

나는 그 정보를 가지고 극비리에 대한민국에 들어왔다. 즉, 북한이 가장 감추고 싶어 하는 정보가 남한으로 넘어왔다. 그러니 북한당국이 얼마나 당혹스럽고 초조했겠는가.

그런데 서울은 조용했다. 북한의 핵개발이 이미 2년 전에 대부분 동결되었다고 전 세계에 폭로하며 한창 떠들썩해야 하는데 의외로 조용했던 것이다.

그리고 뜻밖의 일이 일어났다. 1994년 5월 9일 당시 남한 보수정부는 나의 신분을 조작하고 강요된 시나리오에 따른 3일 동안의 리허설까지 거친 뒤 기자회견을 시키며, 북한의 핵개발이 이미 2년 전에 전반적으로 대부분 동결되었다는 사실을 절대로 밝힐 수 없도록 입을 철저히 막아버린 것이다. 그 바람에 하마터면 날아가버릴 뻔했던 북한의 최후 협상카드가 유효하게 되었다.

당시 남한 보수정부가 북한의 대미협상력을 지켜주고 높여준 것이다. 그래서 미국은 자신들의 대북 경제봉쇄 조치가 마침내 성공해 북한의 핵개발이 이미 2년 전에 대부분 동결되었다는 사실을 전혀 눈치채지 못한 채, 핵개발 동결 조건으로 엄청난 경제적 지원을 약속하는 제네바협정을 체결하게 되었다.

1994년 10월 북미 제네바 회담 후 미국은 북한의 핵개발을 동결시켰다는 자신감에 도취되어 긴 연휴를 보내며, 북한에 40억 달러 이상의 지원을 하였다. 2000년대 초반까지도 매년 1억 달러 이상을 지원했다. 한국정부도 제네바회담의 합의 이행에 따라 북한에 11억3700만 달러를 제공하였다.

이처럼 당시 남한의 보수정부는 북한에 엄청난 기회를 제공하였고, 북한은 그 기회를 이용하여 이미 동결되었던 핵개발을 재건하고 4차 핵실험까지 성공하기에 이르렀다.

이 모든 것이 당시 한국 보수정권이 나의 신분을 조작하고 미리 짜여진 시나리오로 기자회견을 강요하면서까지, 북한의 핵개발이 이미 2년 전에 대부분 동결되었다는 사실을 철저히 은폐하고 미국을 비롯한 국제사회의 눈과 귀를 막은 데서 비롯된 역사적 패배이다.

1994년 제네바회담 이전까지 북한은 정밀기술의 낙후로 핵실험도 할 수가 없었다. 그런데 제네바회담 이후 12년 동안 북한은 정밀기술을 어느 정도 확보하고, 2006년 10월 9일 10시 35분 1차 핵실험을 할 수 있었다. 1994년 10월 북미 제네바회담 협정서가 체결되고 꼭 12년 만이었다. 당시 남한의 보수정부가 그 시간을 벌어준 것이다.

하지만 1차 핵실험도 정밀기술의 부족으로 20분의 1수준에 머물렀다. 하지만 3년 뒤에는 완벽한 핵실험에 성공할 수 있었고 또한 4차 핵실험까지 성공하기에 이르렀다. 이 모두 당시 보수정권에 의해 조작된 나의 기자회견에서 비롯된 결과이다.

나는 북한 핵개발의 수장이었던 중앙당 전병호 군수담당 비서의 해결사 역할을 하다가 운명의 장난에 휘말리면서, 북경주재 한국 대사관에 찾아가 망명신청을 하게 되었다. 그리고 밤샘 조사가 있었고, 한국 정부는 극비리에 군함을 파견하여 나를 남한으로 안내하였다.

참으로 고마운 일이었다. 하지만 그 대가는 너무나 가혹했다.

당시 보수정부의 정보기관은 군함까지 동원해서 나를 구원해 주었으니 신세를 갚으라며, 북한의 핵개발이 이미 2년 전에 대부분 동결되었다는 사실을 절대 발설하지 말라고 강요했다.

만약 그렇게 못하겠다면, "인천항에서 배에 태워, 당장 중국으로 다시 돌려보낼 수도 있고, 가는 길에 바다 한 가운데 수장시켜 버릴 수도 있다. 김대중이도 그렇게 수장시키려다 살려준 적이 있다. 더구나 당신은 아직 한국 국적도 없으니 그렇게 없어져도 찾을 사람조차 없잖은가" 하고 협박했다. 남산지하실 소문을 들어보았냐며 협박하고, 자신들이 간첩이라고 판단하면 내가 간첩이 될 수도 있다고 으름장을 놓기도 했다. 그리고 나의 신분을 격하시키고, 조작된 기자회견을 시키기위한 리허설을 강요했다.

내가 기자회견을 완강히 거부하며 며칠 동안 버티자, 안기부 S과장은 밤에 나를 데리고 인천항으로 갔다. 그리고 거기에 대기하고 있던 배에 강제로 태우며, 나를 잡고 있는 요원들에게 짤막하게 지시했다.

"보내버려!"

이어 머리에 자루가 쓰이면서 눈앞이 캄캄했다. 뒤로 뒤틀린 손에도 수갑이 채워지고 온몸에 포승줄이 감겼다. 순식간에 벌어진 일에 감당할 수 없는 공포가 엄습하며 숨이 꽉 막혔다. 남한에 와서 정보만 다 털어주고 버려진다는 생각에 억울하기도 했다.

보내버리란 말이 뭘 의미하는지 혼란스러웠다. 중국으로 보내버리라는 건지, 아니면 북한으로 보내버리라는 건지, 수장시켜버리라는 건지 몹시 혼란스러웠다. 배가 멈추어 선 것은 공해상이었는데, 거기서 머리에 쓰여진 자루가 벗겨지고, 대신 눈앞에 나타난 것은 이마를 겨눈 총구였다. 그러자 옆에 있던 다른 요원이 말했다.

"그냥 던져버려!"

그들은 내 발에 무거운 쇳덩이가 달린 쇠사슬을 칭칭 감았다. 그 순간 북한의 정치범수용소를 피하려다가, 그만 발을 헛디뎌 지옥에 떨어졌다는 생각에 온몸이 부르르 떨렸다.

북한 선전영화에 보면 남한 정보기관이 탈북자들에게서 정보를 뽑아낸 후 잔인하게 죽이는 장면들이 나온다. 내가 그 꼴이 되었다고 생각하니 너무도 원통하고 두려웠다.

나는 무릎을 꿇고 살려달라고 애원했다. 살려만 주면 시키는 일은 무엇이든 다 하겠다고 다짐도 했다. 그들은 그런 내 모습을 보며 낄낄댔다. 내 뜻은 그렇게 꺾이고 말았다.

내 평생에 처음 겪은 치욕이었다. 그날의 굴복은 너무도 창피하고 수치스러워 누구한테 말할 수도 없고, 내 기억에서 영원히 지워버리고 싶지만 영원히 씻을 수 없는 상처가 되었다. 내 인생에 그렇게 비굴했던 적이 있었다는 것 자체가 도저히 용납되지 않아 무덤까지 고스란히 안고 가고 싶은 상처로 남은 것이다.

언론에 알려지는 것조차도 두려웠다. 그 사실이 북한에서 오랫동안 선전용으로 쓰이며 조롱거리가 되는 것이 싫었기 때문이었다. 체면과 자존심을 중시하며 살아왔던 삶이 한순간에 무너져 내렸다.

나는 그렇게 뜻을 꺾고 목숨을 구걸한 비굴한 자가 되어 다시 한국 땅을 밟을 수가 있었다. 그리고 다음날부터 조작된 기자회견을 위한 리허설이 있었고 그들이 써준 각본을 외우기 시작했다. 하루 종일 반복되는 리허설이었지만 그들이 시키는 대로 복종했다.

내가 고분고분해지자 안기부는 연합뉴스에 거짓된 정보를 통보했다.

그 다음날 연합뉴스는 안기부가 5월 7일 북한 원자력공업부 남천화학 연합기업소 작업반장 김대호씨가 귀순해 왔고, 오는 9일 오후 2시 서울 중구 태평로 프레스센터에서 귀순 기자회견을 갖게 됨을 밝혔다고 보도했다. 내가 한국에 들어온 것은 정확히 1994년 4월 27일 새벽 2시이다. 그 날짜마저도 열흘 뒤로 조작한 것이다.

그때 북한은 5MWe 원자로에서 핵연료봉 무단인출을 시작하며 미국을 압박하고 있었다.

사실 이미 2년 전에 우라늄생산이 중단되면서 핵연료봉 생산도 중단되었기 때문에, 그 원자로에 사용할 핵연료봉 재고량도 얼마 남지 않은 상황이었다. 즉, 미국을 비롯한 국제사회를 협박할 총알도 다 떨어져가고 있는 상황이었다.

미국의 대북 경제봉쇄 조치의 성과였다. 하지만 그 상황을 전혀 눈치 채지 못한 미국은 다급해졌다. 그래서 미국은 사찰단이 도착할 때까지 북한의 핵연료 재충전을 연기해 줄 것을 북―미 실무회담에 요청했다.

1994년 5월 9일이었다. 그날 서울 프레스센터에서 나의 기자회견이 있었다. 만약 그 기자회견에서 내가 이미 2년 전인 1992년 1월에 북한에서 우라늄생산이 중단되었고, 그에 따라 핵연료봉 생산도 중단되었다는 것을 밝혔더라면 북한은 그 핵연료봉으로 더 이상 미국을 비롯한 국제사회를 협박하지 못했을 것이다. 또 미국도 더 이상 북한의 협박에 말려들지 않았을 것이다.

하지만 나는 기자회견에서 그런 사실을 한마디도 밝힐 수 없었다. 당시 보수정부의 정보기관은 완전히 조작된 기자회견을 진행하며 나의 입을 철저히 막아버린 것이다.

남한의 보수정부는 내 신분을 조작하고 강요된 시나리오로 기자회견을 시켰을 뿐만 아니라, 북미 제네바회담 합의가 이루어지기까지 나를 정보기관에 가두어 놓고, 거짓 인터뷰까지 시켜가며 철저히 통제하였다. 그 후에도 수단과 방법을 가리지 않고 입을 막았다. 심지어는 각서까지 쓸 것을 강요하며 입을 철저히 막아버렸다.

지금도 풀리지 않는 의혹이 있다. 나를 북경주재 한국대사관에 안내하고, 대사관측으로부터 그 수고비까지 넉넉히 받고 돌아가던 조선족은 연길 역에서 공안당국에 체포되었다. 동북 3성에 수배령이 내려진 후, 중국공안당국은 나와 동행한 안내자의 신원정보까지 파악하고 검거한 것이다. 그는 공안에 검거되어 고문을 당하면서도 나의 행처를 밝히지 않았다.

내가 무사히 남한에 가서 북한의 핵개발이 이미 대부분 동결되었다는 사실을 전 세계에 알리길 바랐기 때문이었다. 그는 나의 외삼촌이었기에 조카가 뜻을 이룰 수 있도록 끝까지 버텨내고자 했던 의지가 강했던 것 같다. 그리고 그는 내가 한국에 도착하자마자 풀려났다. 아직 내가 기자회견을 하지도 않았는데 북한당국에서 내가 이미 남한에 넘어갔으니 풀어주라고 했다는 것이다. 그럼 북한에 그 정보를 제공한 자는 누구일까?

당시 북한이 중국에서 탄산소다를 수입하는 것만 막아도 핵개발을 원천적으로 막을 수가 있었다. 그 탄산소다가 없으면 우라늄을 생산할 수 없는데 북한은 탄산소다를 자체적으로 생산하지 못했던 것이다. 미국이 그 정보를 알았더라면 중국의 협조를 얻어 그것을 원천적으로 차단을 할 수 있었던 것이다.

그리고 북한이 일본에서 스텐을 수입하는 것만 막아도 핵개발을 원천적으로 막을 수가 있었다. 우라늄을 생산할 때 황산(북한에서는 류산이라고 함)이 첨가되기 때문에 일반 철은 그냥 산화되어 버린다. 그래서 일본에서 스텐판, 스텐 용접봉을 수입하여 우라늄생산 설비 및 시설들을 만들었다. 때문에 미국이나 일본이 그 정보만 알았어도 북한의 핵개발을 원천적으로 차단할 수 있었을 것이다.

특히 당시의 북한 자체기술로는 플루토늄추출도 제대로 할 수 없었다. 그래서 구소련에서 밀수한 붉은 수은으로 플루토늄을 겨우 추출할 수 있는 형편이었다. 앞서 밝혔듯이 정밀기술의 낙후로 핵실험도 할 수 없는 상태였다.

이 모두가 매우 중요한 정보였지만, 이 역시 당시 보수정권에 의해 철저히 은폐되었다.

그 후 S과장은 실장으로 승진하였다. 아직 그의 이름을 알지 못한다. 그냥 '서 실장'으로만 불렀다. 이제 이름을 알아야겠다. 그래서 이 한반도를 망가뜨린 역적으로 그 이름을 후세에 전해야겠다.

나는 지금도 그 이유를 알 수가 없다. 당시 보수정권이 북한을 도운 이유는 무엇일까? 그렇게 북한을 도와주고 얻은 대가는 뭘까?

그 후 보수정권이 자신들의 존립을 위해 판문점에서 무력도발을 해 줄 것을 북한에 요청했다는 뉴스를 보았다. 또 북한군이 판문점에서 무력도발을 하고나면 보수정권이 선거에서 대승을 거두는 것도 보았다. 그런 뉴스들을 보며 내가 그 희생양일 수도 있었다는 생각도 해 보았다.

우리에겐 아픈 과거가 있다. 권력에 눈먼 자들 때문에 고구려를 잃고, 만주의 광활한 영토를 잃어야 했던 아픈 과거! 그리고 조선마저 잃고 일제의 식민지로 수난의 역사를 겪었다. 오늘 날엔 북한을 핵무장 시킨 보수정권 때문에 이 한반도마저 핵전쟁의 위험에 빠지고 말았다.

이제 우리민족은 어떻게 되는가? 분명 1994년 북미 제네바회담 이전에 북한의 핵개발은 더 이상 회생 불가능할 정도로 대부분 동결되었고, 정밀기술의 낙후로 핵실험도 할 수 없었다. 그런데 1994년 5월 9일 남한 보수정권에 의해 조작된 나의 기자회견으로 인해 북미 제네바회담 협정이 체결되어 이미 수명을 다했던 북한의 핵개발이 다시 살아났다. 남한의 보수정권은 더 이상 일어날 수 없을 정도로 완전히 쓰러진 북한의 핵개발을 다시 일으켜 세운 것이다.

그럼에도 그들은 북한이 핵개발에 성공한 것은 햇볕정책 때문이라고 주장한다. 지금까지 보수정권에 의해 발생한 엄중한 사태에 대한 책임을, 김대중 전 대통령과 노무현 전 대통령이 대신 누명을 쓰고 있는 것이다. 이 대한민국에 핵 폭풍을 몰고 온 저들의 원죄를 김대중 전 대통령과 노무현 전 대통령에게 뒤집어씌우고, 저들은 안보의 수호자로 의인행세를 하는 것이다.

남의 죄를 뒤집어쓰고 지속적인 피해를 당하면서도 속수무책으로 가만히 있는 자는 착한 것이 아니라 이 세상에서 가장 멍청한 사람일 것이다. 그리고 자기 죄를 남에게 뒤집어씌우고 계속 피해를 주면서도

의인으로 행세하는 것은 현명하고 똑똑한 것이 아니라 이 세상에서 가장 파렴치한 행위이다.

국회에서 통일 후 북한 지도자들 처벌에 관한 법령이 공식 채택되었다. 그러므로 북한의 지도자들에게 통일은 곧 저들이 사망하는 날이 된다. 이제 둘 중에 하나가 죽든, 아니면 둘 다 공멸해야 하는 남북 대결만 남은 것이다.

22년 전의 보수정권은 미국을 속여 북미 제네바협정을 맺게 하고 북한을 핵무장 시키더니, 지금의 보수정권은 미국을 부추겨 한반도에 핵폭탄을 터뜨릴 수밖에 없는 상황을 만드는 것 같아 심히 두렵다. 그리고 창자가 끊어지는 것 같은 고통의 분노가 치밀어 오른다.

아―이제 우리 한반도는 어떻게 되는가?

북한에서 핵실험을 할 때마다 한반도가 진동하며 몸부림칠 때 나도 가슴을 치며 몸부림쳤다. 그때 기자회견에서 진실을 밝힐 수만 있었어도 한반도가 핵 때문에 몸부림치는 일은 없었을 텐데 말이다.

지금으로부터 22년 전 1994년 5월 9일, 북한을 핵무장 시킨 보수정권의 음모가 있었다. 그날 대한민국은 안보를 잃었다! 그날 한민족은 평화를 잃었다! 그날 이 땅 한반도에 핵전쟁의 위기가 시작되었다.

김대중 전 대통령은 행동하지 않는 양심은 악의 편이라고 했다. 그런데 내가 할 수 있는 것은 너무도 미세한 외침뿐이다.

북한을 핵무장 시킨 보수정권은 사과하라! 북한의 핵개발을 도와준 보수정권의 정체를 밝혀라!

이 땅의 안보를 핵폭탄의 위기 속에 빠뜨린 보수정권은 안보수호자의 탈을 벗어라! 북한을 핵무장 시켜 전 세계 평화를 해친 보수정권은 사과하라!

북한의 핵개발을 도와 11억3700만 달러를 제공한 보수정권은 사과하라! 북한이 핵실험을 할 수 있도록 기회를 제공한 보수정권은 사과하라!

어제는 미국을 속여 북한을 핵무장시키고, 오늘은 미국을 부추겨 그 핵폭탄을 터뜨리려는 보수정권은 사과하라! 한반도를 핵전쟁터로 몰아가는 보수정권은 사과하라!

우리는 위안부 할머니들의 피해보상과 사과를 일본정부에 지속적으로 요구하고 있다. 그런데 나의 피해는 나 개인만의 피해가 아니라 대한민국 국민들의 피해이며, 한민족의 피해이며, 한반도의 피해이며, 전 세계 평화의 피해이다. 즉, 이 땅의 평화를 사랑하는 모든 이들의 피해이다. 피해보상을 받아야 함이 마땅하지 않은가! 그리고 보수정권으로부터 반드시 사과를 받아야 할 것이다!

이런 진실이 밝혀지고 난 후의 국정원 반응이 궁금하다. 북한을 핵무장 시킨 검은 세력들이 아직도 이 나라 정보기관을 장악하고 있는지 지켜볼 것이다.

나는 이제 정부를 상대로 소송을 진행하고자 한다. 본 소송은 물론 법정 소송이지만 그보다 먼저 우리 국민들에게 고하는 고소장이다. 그럼으로 우리 국민들 모두가 재판관이 되어 주시기를 바란다.

북한을 핵무장 시키고, 북한을 이용하여 우리국민을 끊임없이 협박하고 못살게 구는 보수정권은 사과하라!

소장

청구원인:

존경하는 국민 여러분.

지금으로부터 22년 전에 북한의 핵개발을 완전히 끝장낼 수 있었습니다. 아니! 그때 북한은 이미 더 이상 핵개발을 할 수 없을 정도로 완전히 몰락한 상태였습니다. 하지만 당시 보수정권의 은폐로 그 결정적 기회를 너무도 원통하게 놓치고 말았습니다.

박근혜대통령이 3·1절 경축 연설에서 북한이 핵개발을 포기할 수밖에 없도록 하겠다고 했는데, 이미 1992년에 이르러 북한의 핵개발은 대부분 동결되었고 더 이상의 핵개발이 어려운 불능상태로 파괴되고 몰락했었습니다. 미국의 경제봉쇄 때문이었습니다.

1992년에 들어서며 핵무기 주원료인 우라늄광석 조차 운반할 수가 없었습니다. 우라늄광석을 운반해야 할 트럭들의 타이어가 닳아 교체할 수도 없었습니다. 타이어를 생산하지 못했던 북한은 외화가 고갈되어 수입해 올 수도 없었습니다.

휘발유, 디젤유도 다 떨어졌습니다. 자체보유하고 있던 10호 물자 (전시예비물자) 휘발유까지도 바닥이 난 상태였습니다. 타이어가 거덜 나고 휘발유, 디젤유도 모두 떨어져 우라늄 광석을 운반해야할 트럭들이 모두 주저앉은 것입니다.

우라늄생산에 첨가되는 항공석유(옥탄가 높은 석유)도 이미 바닥이 나서 우라늄을 생산할 수가 없었습니다. 우라늄 침출과정에 첨가되는 탄산소다도 외화가 없어서 수입이 중단되었습니다. 우라늄 탱크 안의 벽은 내산벽돌을 먼저 쌓고, 그 바깥에 납을 씌우고, 에폭수지를 입히는데 그 자재도 고갈되어 보수조차 할 수 없었습니다.

우라늄을 산법 생산하므로 산화방지를 위해 일본에서 스텐판, 스텐 용접봉 등을 수입하여 썼는데 미국의 경제봉쇄 때문에 수입을 할 수가 없었습니다. 우라늄 액을 퍼내던 펌프 날개도 닳아서 사용할 수 없었고, 우라늄 광액을 옮기던 관들 역시 닳아서 여기 저기 구멍이 나 있었습니다.

황산이 첨가된 우라늄 액은 산성이 강할 뿐만 아니라 잔사가 섞여 있기 때문에 시설들이 닳는 속도가 빠릅니다. 그 시설들을 모두 보수하거나 교체하여야 했지만 스텐이 없어서 할 수가 없었습니다. 역시 미국의 경제봉쇄 때문이었습니다.

존경하는 국민 여러분.

1992년 1월 북한의 우라늄생산 공장은 가동을 멈추었습니다. 따라서 핵연료봉 생산 공장도 가동이 중단되었습니다. 우라늄을 생산할 수 없으니 연쇄공정인 핵연료봉 생산도 중단된 것입니다.

8월기업소라고 부르는 핵연료봉 생산 공장에는 저와 함께 핵개발부대에서 근무했던 3백 명의 동료들이 일하고 있었습니다. 그 공장에서는 연간 100tU의 핵연료봉을 생산할 수 있는데 이는 5MWe 원자로 2기의 노심에 채울 수 있는 양입니다.

평산 남천화학연합기업소 화학공장에서 연간 우라늄 생산량은 100톤 정도이고, 영변 핵단지에 소속된 4월 기업소의 연간 우라늄 생산량은 원래 12톤 정도였습니다.

제가 4월기업소에 근무할 땐 매달 우라늄생산 1톤 과제를 완수하면 교대 조마다 맥주 수십 리터씩 공급해 주어서 매달 맥주파티를 벌이곤 했습니다.

그런데 1987년에 이르러 북한의 핵개발이 실험적 단계에서 공업화로 이행되며, 4월기업소에 근무하던 100여 명의 많은 기능공들이 새로 조업하게 될 평산지구 남천화학연합기업소 화학공장(우라늄생산 공장)으로 소환되면서 4월기업소의 생산능력은 대폭 축소되었습니다.

그리고 순천 우라늄광산이 폐광되면서 4월기업소는 8월기업소에서 우라늄을 고농축하기 위해 재─정련하고 남은 찌꺼기들을 처리했습니다. 즉, 평산 남천화학연합기업소에서 생산된 우라늄분말을 8월기업소에서 재─정련하고 남은 찌꺼기가 4월기업소로 보내졌던 것입니다. 우라늄분말은 아주 노란색이지만 재─정련 찌꺼기는 매우 걸쭉하고 누런색을 띠고 있습니다. 그 일을 하던 4월기업소는 1992년에 완전 폐쇄되었습니다.

제가 1987년 9월에 4월기업소에서 평산 남천화학연합기업소 화학공장으로 소환되어 왔을 땐, 우라늄생산 공장건설이 한창 진행 중이었습니다. 건물공사는 기본적으로 완공되었고 그 건물 안 설비공사가 한 창이었던 것입니다.

그 설비공사는 핵개발부대 47여단과 전국 각지에서 모집되어온 기술자들이 맡아서 진행하고 있었습니다. 그리고 화학공장의 직장들은 근로자들이 살 수 있는 주택건설을 진행했습니다.

그 직장들이 주택건설을 마치고 우라늄생산 공장에 들어간 것은 1989년 가을이었습니다. 그때도 공장의 설비공사가 완료되지 않은 상태여서 핵개발부대 47여단과 기술자들이 마무리 공사가 한창이었습니다.

직장들은 설비조작 기술을 익히며, 우라늄을 생산할 수 있는 준비를 하였습니다. 1990년 6월 20일 드디어 남천화학연합기업소 화학공장(우라늄생산 공장)이 준공되었습니다. 하지만 1992년 1월에 가동을 멈추어야 했습니다. 미국의 경제봉쇄 때문이었습니다. 조업식을 하고 나서 1년 반 만에 가동을 멈춘 것입니다.

그동안 겨울철에는 우라늄 광액을 운반하는 관들이 바깥에 노출되어 있기 때문에 얼어서 생산을 멈추는 경우가 많았습니다. 우라늄생산은 연쇄공정이기 때문에 어느 한 곳이라도 멈추면 전체공정을 멈추어야 합니다.

그렇게 한 번 멈추면 탱크안의 우라늄잔사가 30분 이내에 빠른 속도로 굳어지기 때문에 그것을 모두 삽으로 퍼내야 합니다. 사람 키의 두 배가 넘고 10명 이상 들어가 작업할 수 있는 탱크 안에 들어가 삽으로 우라늄잔사를 퍼내는데도 여러 날이 걸립니다.

우라늄광액을 운반하는 관속에 차있는 잔사는 굳어 있기 때문에 그

것을 불로 녹여서 털어내고 다시 용접하여 붙이는데도 많은 시일이 걸렸습니다. 때문에 겨울에는 거의 생산을 못하다시피 했습니다. 그리고 1년에 한 번 시설 대보수를 하는데도 2달 정도 걸렸습니다.

그런 날들을 다 빼고 나면 우라늄생산 공장이 실제 가동한 시간은 1년 정도 밖에 되지 않으며 그 기간 동안에 생산한 우라늄의 양은 100톤 정도입니다. 원래 1개월 생산 목표가 10톤이었는데 평균 7톤에서 8톤 정도 밖에 생산하지 못했던 것입니다.

이 기간 생산한 우라늄으로 길이 50cm, 지름 3cm, 무게 6.17kg의 핵연료봉을 1만 6천개 정도를 만들 수 있는데, 이 양은 5MWe 원자로의 핵연료를 2번 충전할 수 있는 양입니다. 그 원자로는 핵연료봉을 801개의 연료 채널에 1채널 당 10개 씩 넣어 총 약 8,010개를 넣을 수 있는데 무게는 약 45톤 정도입니다.

그런즉, 평산 남천화학연합기업소에서 생산한 우라늄 양과 8월기업소에서 연간 생산되는 핵연료봉 양은 비슷합니다. 1984년부터 평산지구에 대규모 우라늄생산 공장이 건설되면서 영변 핵연료봉 생산 공장을 확장한 것도 그 때문입니다. 그래서 우라늄이 생산되지 않으면, 핵연료봉 생산도 바로 멈추게 되는 것입니다.

존경하는 국민 여러분.

1985년 11월에 영변 핵단지에서 착공한 50MWe 흑연감속로 건설도 중단되었습니다. 그 건설에 동원된 핵개발부대 43여단은 원자재가 없어 공사를 중단하고 농사에만 전념했습니다.

1989년에 평안북도 태천에서 착공한 200MWe 흑연감속로 건설도 역시 중단되었습니다.

유일하게 가동하고 있는 것은 5MWe 원자로뿐이었는데 이미 2년 전에 우라늄생산이 중단되면서 핵연료봉 생산까지 멈추었기 때문에, 그 원자로를 가동할 수 있는 핵연료봉 재고량도 얼마 남지 않은 상황이었습니다. 즉, 그 핵연료봉을 가지고 미국을 비롯한 국제사회를 계속 압박하고 있었는데, 결국 그 총알도 얼마 남지 않고 다 떨어져가고 있는 상황이었던 것입니다.

무수단 핵미사일 기지 공사도 중단되고, 핵개발부대 47여단에서 파견된 군인들은 핵미사일기지 공사 대신에 농사일에만 전념하는 농군으로 전락했습니다. 평안북도 대관군 청계리 천마산 지하핵시설 건설에 동원되었던 핵개발부대 49여단도 공사를 중단하고 농군으로 전락했습니다.

이 모든 것은 1994년 10월 북미 제네바 회담 이전에 중단된 것입니다.

1994년 10월에 체결된 북미 제네바 합의문을 보면 50MWe흑연감속원자로, 200MWe 흑연감속원자로들과 핵연료봉 생산 공장을 동결시키는 조건이 포함되었는데, 이미 2년 전 1992년에 그 핵개발 시설들은 전면 동결되었던 것입니다. 즉, 제네바 회담 결과로 북한의 핵개발이 동결된 것이 아니라, 이미 그 이전에 북한의 핵개발은 전반적으로 대부분 동결되었고, 더 이상 핵개발을 할 수 없을 정도로까지 완전히 파괴되고 몰락했던 것입니다.

존경하는 국민 여러분.

핵개발 근로자들에게 공급되던 영양제도 중단되었습니다. 인삼, 고기, 기름, 설탕, 술, 맥주 같은 영양제 공급이 중단된 것입니다. 방사선 피해와 같은 산업재해 근로자들에게 요양을 시키던 제도의 혜택도 폐기되었습니다. 게다가 식량공급까지 제대로 되지 못했습니다.

1992년 여름에 우라늄생산 연합기업소(그룹규모) 당 조직비서와 안전부장(경찰서장)이 짜고 근로자들에게 공급될 맛내기(다시다) 1톤을 빼돌린 사건이 있었습니다. 그처럼 간부들은 권력을 이용하여 큰 도둑질을 일삼았습니다.

노동자들은 생존을 위해 핵개발 설비를 훔치기 시작했습니다. 전동기, 용접기, 용접봉, 스텐 등 식량과 바꿀 수 있는 것이면 무엇이든 몰래 훔쳐갔습니다.

우라늄 분말을 도둑질하여 압록강 국경도시인 혜산에 가서 밀매를 한 사건까지도 있었습니다. 우라늄 1킬로에 1만 원을 받고 팔았다하니, 당시 한 달 봉급이 100원 정도인 그들로서는 엄청난 폭리가 아닐 수 없었습니다. 물론 나중에 발각되어 그 돈은 다 회수 당하고 당사자들은 교도소에 보내졌을 뿐만 아니라, 그들에게 여행증명서를 발급해 준 평산군 인민위원회 2부 직원까지도 해임 철직되었습니다. 그 사건이 있은 후 공장보위대의 무장경비는 한층 더 심해졌고 감시와 통제도 강화되었습니다. 이처럼 북한의 핵개발은 동결을 넘어 완전 불능상태에 이른 것이었습니다.

당시 미국이 북한의 핵개발 지구들을 폭격할 것이라는 소문이 널리 퍼져있었습니다. 그에 대비하여 직장들은 군사체제로 개편되고 미국의 폭격에 대비한 대피훈련도 자주하였습니다. 그 같은 환경 속에서 핵개발 근로자들은 공포에 시달리며 많이 지쳐 있었습니다.

북한에서 최우선 대우를 해 주던 핵개발 지구가 그 정도로 파괴되고 몰락했다는 것은, 사실상 북한의 경제체제가 붕괴되었다는 것을 의미합니다. 그 상황에서 북한의 핵개발 지도부는 2년을 버티기 어렵다고 노골적으로 탄식했습니다.

그들은 중국에서도 도움을 받을 수 없고 러시아에도 기댈 수 없었던 상황에서, 차라리 남조선과 손잡고 북조선의 우라늄 핵에너지를 공동 개발함으로서 미국의 경제봉쇄로부터 벗어나야 한다고 했습니다.

존경하는 국민 여러분.

사실 당시의 북한은 핵무기를 만들 수 있는 물질은 확보했지만 정밀기술이 부족하여 핵무기 개발에 성공하지 못했습니다. 핵폭탄은 가운데에 우라늄원료를 넣고 바깥에 고성능폭약을 둘러싸야 합니다. 바깥에 둘러싼 폭약부터 터뜨려 폭발력을 가운데로 집중시켜 핵분열을 일으키기 위해서입니다. 여기에 고난도의 초정밀기술이 필요합니다.

원하는 시점에 연쇄 핵분열을 일으키려면 핵 원료를 둘러싼 폭약을 아주 정확하게 동시에 폭발시킬 수 있는 고도의 초정밀기술이 필요한 것입니다. 폭발의 타이밍을 100만분의 1초 내로 정확히 맞춰야 핵물질이 초속 1000m 이상으로 움직이며 핵폭발(핵분열)을 할 수 있기 때문입니다.

당시의 북한은 그런 초정밀기술을 확보하지 못했습니다. 초정밀기술을 습득하고 1차 핵실험(2006년)을 하기까지 12년(제네바회담 이

후)의 세월이 걸렸습니다.

그 과정에서 북한은 무려 70차례 이상이나 핵무기개발을 위한 고폭실험을 지속적으로 진행했습니다. 1994년 북미 제네바회담협정서 이행에 따라 미국과 남한으로부터 50억 달러 이상의 지원을 받으며 핵무장 할 수 있는 기회를 얻은 것입니다.

핵폭탄은 고도의 화학기술과 초정밀기술의 집합체입니다. 그냥 노력으로만 만들어지는 것이 절대 아닙니다. 손으로 도자기 빚듯이 만들어지지 않습니다.

당시 북한의 화학기술은 핵물질을 생산할 수 있을 정도까지 겨우 도달했었지만, 북한의 정밀기계공업은 기계공업 중에서도 가장 늦게 발전한 분야였습니다.

동구권 사회주의 나라들이 몰락하고 구소련까지 해체되면서 외국과의 기술교류도 전혀 할 수 없던 북한이었습니다. 아울러 핵폭탄을 제조할 수 있는 정밀기술도 확보할 수 없었습니다. 그래서 김일성은 핵개발 기술을 주체화하라고 지시했지만, 1994년부터 1차 핵실험을 할 수 있는 정밀기술을 습득하기까지 10년 이상의 세월이 걸렸습니다.

1차 핵실험도 정밀기술의 부족으로 성공도 아니고 실패도 아닌 매우 초라한 성적이었습니다. 당시의 폭발력은 성공적인 핵폭발에 비해 겨우 20분의 1 수준 정도밖에 미치지 못했습니다. 이는 정밀기술의 부족으로 일부만 터졌다는 증거입니다. 즉, 20분의 1만 터졌다는 것입니다.

성공적인 핵실험을 하려면 100만분의 1초까지 찍을 수 있는 측정장치도 필요합니다. 이런 정밀촬영기가 있어야 연쇄반응을 일으키는 시험을 할 수 있습니다. 그런데 이 같은 정밀장치가 없이 실험한 결과로 폭탄을 설계하면 제대로 터지지 않습니다. 1차 핵실험에서는 그러한 문제점들을 나타낸 것입니다. 하지만 그로부터 3년 뒤에는 그런 문제점들이 보완되었습니다.

북한은 2009년 5월 25일에 2차 핵실험을 진행했는데 러시아 국방부는 최대 20kt으로 추정했습니다. 러시아 국방부 대변인은 현지 리아노보스티 통신을 통해 "핵폭발을 감시하는 우리 감시 시설의 자료에 따르면 이번 실험의 폭발력은 10~20kt 정도였다"고 주장했습니다. 이는 1차 핵실험에 비해 20배 정도 향상된 성적입니다.

1994년 이전까지만 해도 정밀기술이 없어서 유압펌프도 만들지 못하던 북한이었습니다. 때문에 핵개발에 사용된 모든 유압설비는 일본에서 수입했습니다. 그 외 기계공업 분야에서 사용되는 유압부품들도 100% 외국에서 수입했습니다. 정밀가공을 필요로 하는 핵심부품들도 100% 수입에 의존했습니다.

핵폭탄을 만들려면 고도의 초정밀 기술이 필요합니다. 즉, 핵폭탄을 만들 수 있는 초정밀 기계가 필요합니다. 하지만 당시의 북한은 그 정밀기술을 습득하지 못했습니다. 특수 베어링도 생산하지 못하고, 우라늄 액을 저어주는 교반기 축에서 기름이 새는 것도 해결하지 못하고, 용수철까지도 제대로 만들지 못했습니다. 우라늄탱크에 사용되는 교반기 축의 고무 리데나를 조여 주는 용수철도 일본에서 수입해서 사용했는데, 일본산 용수철이 고무줄같이 성능이 좋은 반면에 북한산 용수철은 떡쇠와 같았던 것입니다.

영변 핵단지 4월기업소(우라늄생산 공장)도 원래는 구소련과 합작한 자동화시스템으로 되어 있었습니다. 조종실에서 우라늄탱크의 액을 감시하고 밸브들을 자동적으로 관리하게 되어 있습니다. 하지만 그 것을 관리할 수 있는 기술력이 부족하여 그 자동화시스템을 모두 폐기 시키고 원시적인 방법으로 우라늄을 생산했습니다. 당시 북한 핵개발 기술력은 그 정도로 낙후했던 것입니다.

존경하는 국민 여러분.

저는 그 현장에 있던 사람으로서 그런 사실을 너무도 잘 알고 있습니다. 저는 이 사실을 대한민국 정보기관에 제공하였지만 당시의 보수 정권은 북한이 이미 핵무기개발에 성공했다는 허위사실을 유포하며 우리 사회와 국민을 불안에 떨게 하였을 뿐만 아니라, 미국을 비롯한 국제사회를 감쪽같이 속이고 궁지에 빠진 북한을 도왔습니다. 의도된 것은 아닐지라도 결과적으로는 그랬습니다. 그러한 행태는 북한이 미국과의 핵협상력을 높이는데서 결정적 도움을 주었습니다.

지금도 도저히 이해할 수 없고 그 이유가 궁금하여 묻고 싶습니다. 당시 한국의 보수정권이 우리사회와 국민을 불안에 떨게 하고, 미국을 비롯한 국제사회를 감쪽같이 속이며 그렇게까지 북한을 도운 이유는 도대체 무엇 때문인가?

그로 인해 미국은 북한에 대해 오판할 수밖에 없었고 그해 제네바 회담에서 실패할 수밖에 없었습니다. 당시의 북한 수뇌부로서는 그런 한국의 보수정부가 얼마나 기특하고 고마웠겠습니까? 할 수만 있다면 평양에 불러 김일성 훈장을 수여하고 싶었을 것입니다.

존경하는 국민 여러분.

한국 정부는 제가 제공한 정보들을 가지고 북핵 문제를 해결하는데 얼마든지 주도적인 역할을 할 수 있었습니다. 또 궁지에 몰린 북한으로서는 남한의 손을 잡을 수밖에 없었습니다.

1994년 6월 15일 지미 카터 전 미국 대통령이 북핵 문제를 중재하기 위해 북한을 방문했을 때, 김일성은 그에게 간곡히 당부했습니다.

"김영삼만이 이 문제를 해결할 수 있습니다. 제발 김영삼을 만나게 해주시오."

그가 먼저 김영삼 전 대통령과의 정상회담을 당부한 것입니다. 그처럼 김일성이 먼저 손을 내밀 수밖에 없었던 것은 북한이 더 이상 핵개발을 할 수 없을 정도로 궁지에 몰렸기 때문입니다. 정말 한민족 역사에 다시없을 절호의 기회였습니다.

북한의 핵개발이 이미 2년 전에 대부분 동결되었다는 정보도 갖고 있는 그 상황에서, 북핵 문제를 주도할 수 있는 절호의 기회가 온 것입니다.

존경하는 국민 여러분.

그때 한국정부가 북한의 우라늄 핵에너지를 공동개발하여 거기서 생산되는 핵연료봉 전량을 남한의 원자로에 가져와 소비하고, 북한에 전기를 공급하는 방식의 시스템을 마련했더라면 북핵 문제는 완전무결하게 해결되었을 것은 물론 한반도는 이미 통일이 되었을 것입니다. 이는 북한에 경수로를 지어주는 것보다 더 확실하고 진보한 프로젝트로서 남북한 모두에게 큰 정치경제적 이익을 줄 수 있었습니다.

경수로 건설은 10년 이상 걸려 11억 달러 이상을 날리고도 완공 못하고 실패했지만, 북한의 우라늄 핵에너지를 남북이 공동개발하고 거기서 생산되는 핵연료봉 전량을 남한의 원자로에 가져와 소비하고 전기를 생산하는 것은 시간과 돈이 많이 들지 않고 즉시에 시행할 수 있기 때문입니다.

분명 그 기회는 하늘이 준 기회였지만 당시 보수정권은 적대정책으로 일관하며 결정적 기회를 놓치고 말았습니다. 그 결과 한국정부는 북한에 경수로건설 지원을 하며 11억3700만 달러를 날리게 되었고, 경수로건설 현장에 450억 원 어치의 장비를 버려둔 채 철수하지 않으면 안 되었습니다. 그리고 지금의 북핵 위협을 초래하고 말았습니다.

당시 보수정권이 북한의 핵개발이 이미 2년 전에 대부분 동결되었다는 사실을 은폐하고 우리 국민과 국제사회를 속인 것은 매우 중대한 과오입니다. 그 과오는 국민과 역사 앞에 심판을 받아야 마땅하지만, 아직 잃어버린 22년에 대해 원통해 하며 분노하는 국민은 없습니다. 그 사실이 철저히 은폐되었기 때문입니다.

존경하는 국민 여러분.

저는 북한에 있을 때 우라늄폐기물처리 직장 부직장장으로 근무하며 간부들의 당 생활을 관리하는 당세포비서, 직장 초급당부비서를 겸했었는데, 매일 오후 2시면 사장단 회의에 참석하곤 했었습니다. 그 회의는 중앙당 군수담당 제1부부장인 박송봉이 주관할 때가 많았습니다. 중앙당 전병호 군수담당비서가 가끔 참석하기도 했습니다.

참고로 전병호 비서는 당적으로 핵개발을 담당하고 있었고, 박송봉

1부부장은 행정적으로 담당하고 있었습니다. 그래서 박송봉 1부부장은 우라늄생산 공장에 와서 상주하는 때가 많았습니다. 그는 사장단에서 30세의 나이로 최연소였던 저의 패기를 늘 높이 평가하기도 했습니다.

우라늄생산 연합기업소는 북한 전역에서 진행되고 있는 핵개발정보가 모이는 곳이었습니다. 핵개발부대들에서 제대군인들이 몰려오고, 또 그 부대들에서 군관으로 근무하는 동료들과의 교류가 이루어지기 때문이었습니다. 그리고 영변 핵단지에 있는 핵물리대학 졸업생들도 이곳으로 많이 배치되어 왔습니다.

그때 우라늄폐액을 처리하기 위해 석회석을 부수는 마광기 동체가 금이 가고, 또 동체 안에 붙이는 나이나까지 깨지는 사고가 빈번하여 애를 먹곤 하였는데, 그 기계를 만드는 철의 강도를 제대로 조절 못하면 그와 같은 사고로 이어졌습니다. 즉, 철의 강도를 너무 높이면 그와 같은 사고가 생기고, 또 철의 강도를 낮추면 마광기 안에서 석회석을 부수는 쇳덩이에 맞아 찌그러드는 사고가 생기게 됩니다. 그러므로 철의 강도를 정확히 맞추기 위해서는 탄소 배합이 중요한데 그 기술이 정교하지 못했던 것입니다.

존경하는 국민 여러분.

북한의 핵개발은 '710호'라고 하는 김일성의 주석 자금에 의해 추진되었습니다. 그런데 1990년대 초에 이르러 '710호 자금'이 고갈되었습니다. 구소련이 해체되면서 소외 계층으로 밀려났던 핵개발 및 미사일 기술자들을 포섭하는데 거액의 710호 자금이 들어갔던 것입니다.

그 시기 남한과 구소련이 외교관계를 수립하면서 북한은 소련에 대한 강한 배신감을 느꼈습니다. 그리고 1991년 8월에 보수파가 쿠데타를 일으키면서 소련연방이 해체되기 시작했습니다. 결국 북한과 소련의 과학 기술 교류협력도 끝나고, 듀브나 핵연구소에서 북한 과학자들이 철수하였습니다. 그때 김정일위원장은 구소련의 핵과학자들과 미사일 전문가들까지 포섭하여 북한으로 데려올 것을 은밀히 지시하였습니다. 핵개발자금을 전부 쏟아 부어서라도 반드시 그들을 데려와야 한다고 말입니다.

김정일위원장은 그렇게 북한에 데려온 구소련 핵개발 기술자들을 정무원 총리 이상의 대우를 해주며, 그들에게 총리 및 정치국 위원들이 사는 곳의 사택까지 내주며 극진히 배려했습니다. 평양 보통강역에서 광복거리 쪽으로 가다가 보통강 다리를 건너기 전 오른 쪽에 그들이 사는 고급주택이 있었습니다.

평양시 평천구역 원자력 공업부 청사 내에 호텔이 있는데 그곳에 임시로 머무는 러시아 핵전문가들도 있었습니다. 함경북도 화대군 무수단 미사일기지에도 구소련에서 온 미사일기술자가 있었는데 1개 소대가 경비를 맡고 있었습니다.

그렇게 710호 자금이 바닥이 나자 김정일위원장은 핵개발자금을 자체로 확보할 것에 대한 친필지시를 내렸습니다. 그에 따라 저는 외화벌이 상무를 책임지고 활동하면서, 핵무기 개발에 필요한 베릴륨과 붉은 수은 밀수에 관여하기도 했습니다.

1990년대 초에 들어와 구소련이 붕괴되면서 소외 계층으로 밀려난 핵개발 기술자들은, 월급도 제대로 받지 못하며 생활형편이 어려워지자 플루토늄 생산물질인 붉은 수은과, 핵무기 제조에 꼭 필요한 물질로 플루토늄 핵 분열시 도화선역할을 하는 베릴륨(북한 사전엔 베르니움으로 기록되어 있음) 등 핵개발에 사용되는 물질들을 유출하기 시작했습니다.

북한에서 홍수라고 불리는 붉은 수은은 1킬로그램의 플루토늄을 생산하는데, 약 1킬로그램이 필요합니다. 당시 북한에서 자체 생산한 붉은 수은의 질이 불량하여 플루토늄을 제대로 생산할 수가 없었습니다.

붉은 수은은 1킬로그램짜리 2개를 묶어 하나의 포장으로 되어 있는데, 거기에 제품을 확인할 수 있는 작은 투명유리창이 설치되어 있었습니다. 또 베릴륨은 손바닥 크기의 납작한 판으로 되어 있고, 거기엔 제품 설명서와 생산연도가 쓰여져 있는데, 생산연도는 2차 세계대전 시기인 1944년으로 쓰여있었던 것으로 기억됩니다.

당시 러시아에서 밀수되는 핵 물질들은 플루토늄 1킬로에 50만 달러, 농축우라늄은 10만 달러, 붉은 수은은 15,000 달러, 베릴륨은 1,500 달러에 거래되었습니다. 그 중에서도 붉은 수은은 김정일위원장의 관심이 컸던 물질입니다. 플루토늄에 비해 가격이 많이 저렴할 뿐만 아니라, 그것만 있으면 북한 자체 내에서도 얼마든지 플루토늄을 생산할 수 있었기 때문이었습니다.

남한에 와서 붉은 수은에 대한 정보를 말해 주었지만 당시만 해도 남한에서 붉은 수은의 용도에 대해 아는 전문가가 단 한 명도 없었습니다. 그 후 국방과학연구소 신성택 박사가 미국 원자력 학회에서 1980년에 발행한 『플루토늄 핸드북』이란 책을 읽고 내 말이 사실임을 입증했습니다.

존경하는 국민 여러분.

저는 핵개발자금 확보를 위한 외화벌이 업무를 책임지고 활동하면서 장성택의 총애를 받고 있던 조카 장용철(전 북한 말레이시아 대사)과, 김정일의 비자금을 관리했던 박억년 등과 어울리며 무역 비즈니스를 함께 하기도 했습니다.

박억년은 일본에서 김정일위원장의 비자금을 관리하다가 정체가 탄로나 평양에 돌아와, 태권도 국장이라는 직함을 갖고 있으면서 김정일위원장의 집사 역할을 하였습니다. 일본 기업인들을 평양에 불러들여 김정일위원장에게 소개하고 만남을 주선하는 일들도 맡아서 했습니다.

그때 김정일위원장은 비즈니스는 일본인과 해야 한다며 조총련 관계자들보다 그를 더 신뢰했습니다. 조총련 관계자들은 말로만 애국을 외치고 속으로는 자기 잇속만 챙기는 반면에 일본사람들은 신뢰를 중시한다면서 말입니다. 그래서 박억년은 일본 기업인들을 평양으로 초청하여 김정일위원장과의 만남을 주선했던 것입니다.

1993년 초에 그와 함께 함경북도 회령세관에서 중국 금환공사와 무역면담을 할 때도, 그는 이틀 뒤에 김정일위원장과 일본 기업인들의 만남이 약속되어 있다면서 서둘렀습니다. 사실 회령은 아버님의 고향이어서 하루 더 묵을 계획이었는데 그 일정 때문에 서둘러 돌아올 수밖에 없었습니다.

핵개발에 필요한 유압설비들과 10톤 이상의 대형 트럭, 건설장비, 스텐 판, 스텐용접봉 등을 일본에서 수입하였으므로, 일본과의 관계는

다방면적으로 매우 중요했습니다.

박억년은 평양 시내에서 연락소(간첩파견기관) 차번호인 82번을 달고 다니다가, 평양시를 벗어나면 중앙당 선전부 차번호인 02로 번호판을 바꾸어 달곤 하였습니다. 그리고 김정일위원장이나 장성택을 지칭할 땐 간부동지들이라 하고, 자신은 노동자라고 했습니다. 그 만의 독특한 표현방식이었습니다.

박억년은 태권도 전당을 스포츠분야와 전투부로 나누어서 운영할 구상을 하고 있었습니다. 그는 보통강구역 서장동 전승기념탑 옆에 있는 고위층 아파트 1층에서 살았는데, 무역면담을 갔다가 평양에 밤늦은 시간에 도착하면 나는 그의 집에서 잠을 자기도 했습니다. 당시는 엔화시세가 오를 때여서 저는 갖고 있던 3만 달러를 무역은행에서 엔화로 바꾸어 이득을 좀 보았는데, 박억년에게 담뱃값에 보태라고 10만엔을 주기도 했습니다.

존경하는 국민 여러분.

그 시기 북한의 내부 갈등은 매우 심각했습니다.

구소련 프룬제 종합군사학교를 유학한 장군들의 군사쿠데타 미수 사건이 있었고, 인민경제가 완전히 몰락한데 이어 우라늄생산 공장도 가동을 멈추었고, 핵연료봉 생산 공장도 가동을 멈추었고, 무수단 핵미사일기지 건설 공사도 중단되었고, 대관군 천마산 지하핵시설 공사도 중단되었고, 영변 핵단지에 건설 중인 50MWe흑연감속원자로 공사도 중단되었습니다. 뿐만 아니라 평안북도 태천에서 건설 중인 200MWe 흑연감속원자로 공사도 중단되어 더 이상 핵개발을 할 수 없을 정도로 대부분 동결되었습니다. 그 상황에서 IAEA(국제원자력기구)는 북한의 핵관련 시설들에 대한 특별사찰을 요구하고 나섰습니다.

만약 그 상황에서 IAEA의 특별사찰을 받아들인다면 북한의 핵개발이 이미 대부분 동결되었다는 것이 드러날 수밖에 없었습니다. 북한의 마지막 카드는 핵개발 동결을 조건으로 미국과의 협상력을 최대한 높이는 것인데, IAEA의 특별사찰을 받아들인다면 그 '최후의 카드'를 잃는 것입니다. 즉, 핵개발 동결 대가로 미국을 비롯한 국제사회로부터 최대한 많은 지원을 뜯어내야 하는데 마지막 카드를 잃을 수 있었던 것입니다.

그래서 어떤 술수를 써서라도 IAEA의 특별사찰만은 피해야 했는데 그러자면 마땅한 명분이 필요했습니다. 북한이 그 명분을 찾고 있는 와중에 한국과 미국은 노태우정부에서 중단되었던 팀스피릿 훈련 재개를 선언했습니다. 그때 장성택은 기다렸다는 듯이 김정일위원장에게 조언했습니다.

"형님 지금이 기회입니다. 이 판국에서 타결책은 강경책뿐입니다."

공식장소가 아닌 사석에서는 김정일에게 형님이라고 불렀던 장성택이었습니다. 그리하여 북한은 한미 팀스피릿 훈련 하루 전에 최고사령관 명령으로 전군 전민에게 준전시사태를 하달하고, 나흘 뒤 3월 12일에 NPT(핵 확산방지조약) 탈퇴를 선언했습니다.

그날 북한은 평양 만수대의사당에서 중앙인민위원회 제9기 7차 회의를 열고 한-미 양측의 팀스피릿 훈련과 IAEA의 특별사찰로 야기된 핵확산금지조약 탈퇴문제를 의제로 선정하고, 토의를 거친 후 그와 같은 내용의 성명을 채택했다고 조선중앙방송이 보도했습니다. 이어 북한에서 외국인들이 추방되었습니다. 중국과의 교역도 중단되었습니다.

그때 저는 장용철, 박억년 등과 함께 중국 측과 무역면담이 약속되어 있었는데 그것도 무기한 연기되었습니다. 평양의 요정으로 불리는 안산관에서 만난 장성택은 그 상황을 설명해주며 4월이면 준전시사태가 해제될 테니 그때까지 기다리라고 했습니다.

그리고 시동이 걸리지 않는 일본산 도요타 승용차를 내 주며 고쳐서 타라고 했습니다. 그 승용차는 새것처럼 보이는 중고차였는데 시동이 걸리지 않았습니다. 그래서 대동강 자동차종합수리 공장에 수리를 맡기니 컴퓨터 장치가 고장 나서 북한에서는 고칠 수 없다고 했습니다. 남한에서는 동네 카센터에서도 쉽게 고칠 수 있는 것을 당시 북한에서는 고칠 수 있는 곳이 없었던 것입니다. 결국 그 차는 폐차되고 말았습니다. 장성택의 배려는 고마웠지만 말입니다.

그의 말대로 4월에 들어서면서 준전시사태가 해제되었습니다. 그래서 연기된 무역면담을 위해 출발하려고 하는데, 장성택의 맏형 장성우(당시 사회안전부 정치국장)의 환갑이 4월 7일이어서 며칠 더 연장해야 했습니다.

장성택의 맏형인 장성우의 아들 장용철은 태권도 전당 사로청 위원장을 맡고 있었는데 당구를 좋아했습니다. 그래서 우리는 준전시사태가 해제되길 기다리는 동안에 류경호텔 앞에 있는 정보센터 2층 당구장에 자주 가기도 했었습니다.

출장증명서를 발급하는 것은 당시 사회주의노동청년동맹 위원장을 맡고 있던 최룡해에게 부탁하여 해결했습니다. 그때는 장성택의 권력이 막강할 때였으므로, 장용철이도 그 권세를 업고 젊은 실세로 군림해서 최룡해도 그의 말은 잘 들어주었습니다.

그 시기 북한에는 일본에서 수입한 사파리 승용차 3대가 전부였는데, 그 중 1대가 장성우의 전용차였습니다. 그래서 장용철이와 함께 그 사파리를 많이 타고 다녔는데 도로에서 장성택에게 걸리면 야단맞기도 했습니다.

장용철의 부친 환갑 때는 적지 않은 달러를 제공하여 회갑잔치 준비를 돕기도 했습니다. 그때 만수대 창작사에 50불을 주고 장성우의 초상을 그려서 선물했습니다. 장성우는 인민군 5군단장을 하다가 사회안전부 정치국장을 하면서 대장칭호를 받았는데 그것이 군부의 별이 아니어서 늘 아쉬워했었습니다. 그래서 만수대 창작사에 50 달러를 주고 인민군 대장 모습의 장성우 초상화를 그려서 선물한 것입니다. 장성우는 그 초상화를 환갑선물로 받고 매우 기뻐하였습니다.

그의 환갑잔치는 연못동 산언덕에 사회안전국장 백학림의 집과 나란히 있는 왼쪽 저택에서 진행되었는데, 잔치음식은 김경희(김정일 여동생)가 직접 준비한 것들이었습니다. 그래서 이틀 뒤에 중국과의 무역면담을 떠나면서 장용철은 부친의 환갑잔치를 치르고 남은 음식을 도시락으로 준비하기도 했습니다.

우리는 출발을 위해 태권도 전당에 모였는데, 그 건물 뒤에는 김일성주석과 김정일위원장이 출입하는 문을 통과하여 주석단으로 올라가는 에스컬레이터가 있습니다. 원래 그 에스컬레이터는 체코에서 수입하기로 했는데 외화사정이 여의치 않아 중국산으로 수입한 것이었습니다.

그곳에는 김일성주석과 김정일위원장이 태권도 선수들과 만나는 접견실이 있고 그들의 전용화장실도 따로 있었습니다. 그때 갑자기 배탈이 생겨서 그 전용화장실에 들어간 적이 있습니다. 부드러운 흰털가죽안장을 씌운 변기에 앉아 볼일을 보면서 불충한 생각을 하다가 넓고 화려한 화장실을 둘러보며 어리둥절하기도 했습니다.

박억년은 출발에 앞서 우선 장성택에게 일정을 보고하고 김정일위원장의 집무실에 전화를 걸었습니다. 그런데 어찌된 영문인지 장남인 김정남이가 전화를 받았습니다. 박억년은 차렷 자세로 일어나 김정일위원장을 대하듯이 정중하게 일정을 보고 했습니다. 스무 살이 갓 지난 김정남이 후계자에 준하는 대우를 받고 있었던 것입니다.

존경하는 국민 여러분.

당시 전병호 비서는 평양시 중이에 짓고 있던 국방대학 건설을 책임지고 있었는데 미국의 경제봉쇄로 인한 경제난으로 큰 어려움을 겪고 있었습니다. 김정일위원장은 량강도 강계에 있는 국방대학이 너무 멀어서 자주 가 볼 수 없으니, 평양에 국방대학을 지어서 곁에 두고 싶다며 그 건설 책임을 전병호 비서에게 맡겼습니다.

그런데 국방대학 건설은 1년 만에 중단 위기에 처했습니다. 건설 물자를 운반해야할 트럭들의 타이어가 다 닳은 데다, 휘발유, 디젤유까지 고갈되어 모두 주저앉은 것입니다. 만약 핵개발이 원활히 진행되고 있는 상황이었다면, 전병호 비서는 핵개발 지구에서 타이어나 휘발유, 디젤유 일부를 국방대학 건설에 돌렸을 것입니다. 전병호 비서한테는 그럴 권한이 있었습니다. 하지만 그때는 북한의 핵개발까지 대부분 동결된 시기였으므로 그로서도 어쩔 수가 없었습니다.

전병호 비서는 그 위기의 해결사로 저를 발탁하였습니다. 저는 전에도 그의 해결사 역할을 한 적이 있습니다.

1989년 12월 평산 우라늄생산 공장이 조업식을 앞두고 뜻밖의 난관에 봉착했습니다. 우라늄폐액을 저어주는 교반기 축에서 기름이 새는 것이었습니다. 그렇게 기름이 다 새면 치차가 열을 받아 기계를 망가뜨릴 수밖에 없습니다. 모든 교반기들이 똑 같은 결함을 나타냈습니다. 그래서 기계제작 공장(대안중기계공장) 책임자들과 평성 설계연구소 책임자들을 불러 재판했지만 고장원인을 찾을 수 없었습니다. 설계자들은 설계에 아무 문제가 없다며 주장했고, 제작자들은 그 설계대로 정확히 제작했다고 맞섰습니다.

김일성주석과 김정일위원장에게 우라늄생산 공장 조업식 날짜(1990년 6월20일)까지 보고된 상황이어서 초비상이 걸렸습니다. 전병호 비서는 매일 같이 현장에 나타나 빨리 고장원인을 찾으라고 독촉했습니다. 하지만 끝내 고장원인을 찾지 못한 상황에서 교반기 전부를 폐기처분하기로 의견이 모아지고 있었습니다. 그 경우 교반설비를 설계부터 다시 시작하려면 김일성주석과 김정일위원장에게 보고된 조업식 날짜를 맞출 수가 없었습니다. 설사 다시 설계하고 다시 제작한다고 해도 교반기 축에서 기름이 새지 않을 거라는 보장도 없었습니다.

그 책임으로 여러 사람이 추궁당할 것도 불 보듯 뻔한 일이었습니다. 당시 전병호 비서는 조급한 나머지 매우 격앙되어 저에게 대안중기계공장으로 직접 가서 대책을 마련하라며, 만약 거기 가서도 설비고장 원인을 해결하지 못하면 담당 제작자들을 모두 끌고 오라고 지시했습니다.

전병호 비서가 저에게 책임을 맡긴 것은 제가 직장의 생산실무를 담당하고 있기 때문이었습니다. 자주 교체되어 새로 부임되어온 직장장은 생산 공정과 설비들에 대해 잘 모르기 때문에, 직장의 생산실무를 담당하고 있는 저에게 책임을 맡긴 것입니다.

그래서 설비를 제작한 대안중기계공장으로 출장을 갔는데, 그 공장은 원자재가 없어서 가동을 제대로 못하고 있었습니다. 외국인들이 참관하면 그때만 보여주기 식으로 기계들을 가동시켰습니다. 대안중기계공장은 북한 기계공업의 상징적인 얼굴과 같은데 1989년에 이르러 이미 생산가동이 마비되었습니다.

미국은 1950년대부터 북한을 적성국으로 지정하고 북한과의 무역, 투자, 금융 등 전반적인 경제교류를 엄격히 금지해왔습니다. 하지만 북한은 큰 관심이 없었습니다. 동구권 사회주의 진영이 건재할 때였으므로 그들과의 경제교역이 활발히 이루어지고 있었기 때문이었습니다. 그러나 동구권 사회주의 진영이 무너지면서 미국의 대북 경제봉쇄는 심각한 타격을 주었습니다. 대안중기계공장과 같은 북한의 상징적 기업이 그 정도였으니 지방산업 공장들의 실태는 더 심각했습니다.

원자재가 없어 가동을 멈춘 공장 노동자들이 산에 가서 싸리나무를 베어다가 빗자루나 광주리를 엮어 시장에 내다파는 현상도 나타나기 시작했습니다. 그렇게 지방산업 공장들부터 붕괴한 데 이어 북한을 대표하는 상징적 기업들마저 마비되기 시작한 것입니다.

그 와중에도 핵개발 설비생산만은 철저히 보장했습니다. 북한의 핵개발은 최후의 보루였습니다. 그러나 3년 뒤에는 그 최후의 보루마저 완전히 무너져 내리고 말았습니다.

저는 대안중기계공장에 도착하자마자 핵개발 설비생산을 전담하는 710호 지휘부에 찾아가 책임자를 만났습니다. 그리고 당위원회에 가서 책임비서를 만나 설비사고의 책임을 따지며 적극적인 협조를 요구했습니다. 핵개발에 방해되는 행위들은 군법에 의해 처벌되므로 책임비서는 무조건적으로 협조하겠다고 약속했습니다.

이어 관련 직장에서 핵개발 설비제작을 책임지고 있는 710호 담당 부직장장도 만나 대책을 협의했는데, 그때 그는 교반기 축의 고무 리데나를 감싸는 용수철 2개를 가져왔습니다.

하나는 일본에서 수입된 용수철이었고, 다른 하나는 북한에서 자체 생산한 용수철이었습니다. 그런데 일본에서 수입한 용수철은 고무줄같이 성능이 좋은 반면에, 북한에서 자체 생산한 용수철은 떡쇠처럼 한번 늘어나면 잘 줄어들지도 않았습니다. 그 정도로 북한의 기술이 낙후해서 그 공장에서는 아무 것도 기대할 수가 없었습니다.

그래서 그곳 담당자들을 끌고 와서 재판하는 대신에, 모헬트(공업용모직) 2평방만 갖고 돌아왔습니다. 그리고 교반기 축을 감싸고 있던 고무 리데나와 일본산 용수 대신에 모헬트(공업용모직)를 사용하여 교반기 축에서 기름이 새는 것을 막을 수 있었습니다.

현장에서 주야로 보름동안 지내며 모든 설비들을 해체하고 다시 조립하는 작업을 지휘하였습니다. 전병호 비서는 교반기 문제가 해결되었다는 보고를 받고 현장에까지 찾아와 저의 기름 묻은 손을 잡고 영웅이라고 한껏 치켜세우기도 했습니다. 김일성주석과 김정일위원장으로부터 추궁 당할 뻔 했던 그를 제가 구해준 것이었습니다.

그렇게 평산에 대규모로 건설된 우라늄생산 공장은 김일성주석과 김정일위원장에게 보고된 날짜에 조업식을 치를 수 있었습니다. 그런데 또다시 그의 해결사로 발탁되었습니다. 전병호 비서는 국방대학 건설에서 걸린 문제들만 해결해 주면 저에게 상좌(대령) 군사칭호를 주고 무역회사까지 차려주겠다고 약속했습니다.

존경하는 국민 여러분.

당시 핵개발에서 벗어나고 싶었던 저는 또다시 그의 해결사가 되기로 결심했습니다. 북한의 핵개발에서 벗어나고 싶었던 이유는 다시 떠올리기도 싫은 기억들 때문입니다. 저는 김정일의 지시로 조직된 핵개발부대에서 제대하여 영변 핵단지에 배치되었습니다.

그곳에서 우리는 우라늄 가루로 호흡하며 살다시피 했습니다. 공장 구내로 흘러나온 우라늄 액이 말라서 먼지로 날렸고, 설비고장이 날 때면 우라늄 탱크에 들어가 몸을 적시기도 했습니다. 501연구소에서 우라늄생산을 염법생산에서 산법생산으로 전환하는 실험을 하며 방출하는 황산 가스는 송곳으로 찌르듯이 폐부에 파고들었습니다. 또 바나듐 생산을 원시적인 토법으로 하면서 방출되는 독가스는 폐부를 찌르는 것은 물론 어금니까지 저릴 정도였습니다. 겨울에 우라늄 액을 운반하는 관이 자주 막히곤 했었는데 그때마다 연쇄공정이 모두 멈추면서, 탱크 안에 있는 우라늄 액을 굳어지기 전에 처리하느라고 공장구내로 퍼서 마구 버리곤 했습니다. 우라늄생산 공장을 감돌아 흐르는 남천강에 내다 버리기도 했습니다. 그 강에서 서식하는 물고기를 잡아

배를 째보면, 우라늄 잔사가 쏟아져 나오기도 했습니다. 그 물고기를 잡아 시장에 내다 파는 낚시꾼들도 있었습니다.

핵사찰을 받을 때는 그 흔적들을 없애느라 많은 고생을 하기도 했습니다. 방사선 피해로 백혈구 감소증에 걸린 근로자들도 있었습니다. 탈모와 고안염을 비롯한 이런 저런 질병에 시달리는 동료들도 있었습니다. 더구나 미국의 경제봉쇄로 우라늄생산 공장은 가동을 멈춘 상태였고 근로자들에 대한 식량배급도 제대로 하지 못하고 있었습니다. 저는 그 현장으로 돌아가고 싶지 않았습니다. 그래서 전병호 비서의 제안을 선뜻 받아들였던 것입니다.

그 후 남포시 천리마구역 행정위원장으로부터 강선제강소에서 생산된 1만 5천 톤의 철강을 넘겨받아 중국에 수출하기로 했습니다. 거기서 발생하는 이익금으로 국방대학 건설을 지원하기로 한 것입니다. 중국 쪽 하고도 이미 계약을 마쳤습니다. 그런데 원자력공업부 97국 (핵개발 치안당국)에서 저에 대한 체포령을 내렸습니다. 죄목은 직무이탈, 외국인 불법면담, 당 생활기피 등이었습니다. 한마디로 괘씸죄였습니다.

당시 저는 중국 측과의 면담을 마치고 평양에 돌아오는 길이었는데, 평양역에는 안전원들이 저를 체포하기 위해 삼엄한 경계를 하고 있었습니다. 그때 국방대학 학장(군사계급－소장)은 자신의 승용차와 기사를 보내 저를 화물취급을 하는 뒷문으로 빼돌려 구출하였습니다.

소련제 볼보를 모방한 그 승용차는 군수공장에서 겨우 2대를 생산한 시제품으로서, 북한에서 생산된 차 중에서는 가장 현대화된 차라고 할 수 있었습니다. 저를 구출하기 위해 국방대학 학장과 정치부 학장이 타고 다니던 승용차를 보냈던 것입니다. 국방대학 학장은 로스만 담배를 주면 크게 감동했는데 김정일위원장이 즐겨 피우는 담배로 알려졌기 때문이기도 했습니다. 그때 그는 저에게 평양시 중이에 건설 중인 국방대학 건설 지휘부에 은신하라고 권유했지만, 저는 금수산의 사당(주석궁)에서 지도원으로 근무했던 김선호의 집으로 피신했습니다.

그리고 남포시 천리마구역 행정위원장과 약속된 철강을 수출하기 위한 사업을 추진했습니다. 그즈음, 남포시 와우도에서 시안의 고위 당 행정 간부들이 대합조개를 구워먹으며 술판을 벌이다가 모두 식중독에 걸려 쓰러지는 사태가 발생했습니다. 단오명절에 일어 난 그 사건은 김정일위원장에게까지 직접 보고되었고, 김위원장은 단 한 명의 희생자도 있어서는 안 된다며 무조건 살려내라고 긴급 지시를 내렸습니다.

하지만 그 사건이 소문나면서 남포시 주민들은 크게 분노했습니다. 주민들은 국가에서 배급 쌀을 주지 않아 제대로 먹지도 못하고 굶주리고 있는데 간부라는 놈들은 그렇게 흥청 된다고 말입니다. 그런데 간부들이 모두 식중독에 걸려 쓰러지자 주민들은 천벌이 내린 거라고 하였습니다.

그들 속에 남포시 당조직부 부장을 하다가 천리마구역 행정위원장으로 임명된 사람도 있었습니다. 그가 쓰러지면 강선제강소에서 생산된 철강을 수출하는 데에 차질이 생길 수 있었습니다. 그래서 급히 국방대학 학장의 승용차를 타고 그가 입원한 남포시 인민병원으로 향했습니다. 가는 길에 호위국에서 지키고 있는 순화강 초소를 통과해야 했는데, 호위국 위수사령부 작전과 상급참모인 이건일 소좌(소령)에게 미리 전화를 걸어 통과할 수 있도록 조치했습니다. 저에 대한 체포령이 내려졌기 때문이었습니다.

와우도에 있는 남포시 인민병원에 도착한 것은 오후 3시경이었는데 그곳에 행정위원장이 없었습니다. 담당의사의 말에 의하면 그는 원래 건강체질이어서 입원 하루 만에 퇴원했다는 것이었습니다. 그래서 천리마구역 소재지인 강서로 가서 행정위원장을 만나 철강 수출문제를 상의했습니다. 그 역시 철강수출에 큰 관심을 갖고 있었습니다. 거기서 발생하는 수익금으로 식용유, 비누 등을 비롯한 생활필수품을 수입하여 주민들에게 공급하기 위해서였습니다.

저는 그에게 직경 150밀리 철강을 모두 40센티로 자르도록 요구했습니다. 수출 차익을 남기기 위한 조치였습니다. 그렇게 40센티로 자르면 마광기에서 광석을 부수는 주강뿔 품목으로 수출가격승인을 받을 수 있고, 중국에는 철강으로 수출할 수 있기 때문이었습니다. 중국에서는 그 철강을 연신하여 길게 뽑아 건설자재로 쓸 수 있었던 것입니다.

주강뿔과 철강재의 수출가격은 65달러의 차이가 났습니다. 당시 북한에서 주강뿔 국가수출승인 가격이 톤당 145달러였는데, 그것을 중국에 수출할 때는 품목을 철강재로 바꾸어 1톤당 210달러에 팔 수가 있었습니다. 그러므로 1톤당 65달러의 차익을 남길 수 있었고, 1만 5천 톤이면 100만 달러 정도의 수익을 챙길 수가 있었습니다. 그 수익금으로 전병호 비서가 맡고 있는 국방대학 건설을 지원할 수가 있었던 것입니다.

그런데 중국에서 북한에 수출하는 디젤유 값을 240달러로 올리며 바가지를 씌웠습니다. 북한이 미국으로부터 경제 제재를 받고 있는 약점을 잡고 횡포를 부렸던 것입니다. 그래서 디젤유는 러시아에서 수입하기로 했습니다. 물론 러시아에서도 북한의 약점을 잡고 바가지를 씌웠지만 중국보단 나은 편이었습니다. 디젤유 값이 180달러로 중국보다 60달러가 쌌기 때문입니다.

그 일들을 성사시키기 위해 우리는 역할분담을 하였는데, 전병호 비서는 국가수출승인가격위원회에 압력을 행사하여 철강을 주강뿔로 수출승인을 받을 수 있게 하고, 기차화물 20차량을 동원하였습니다. 천리마구역 행정위원장은 주민들을 총동원하여 그 철강을 상차하는 일을 맡았고, 저는 중국에 그것을 수출하고 필요한 물자들을 수입하는 일을 책임지기로 했습니다.

그처럼 모든 일들이 차질 없이 잘 진행되고 있었지만 저는 체포령을 받은 상황에서 극심한 스트레스에 시달렸습니다. 평양시 안의 외화상점, 외화식당, 정보센터, 국제통신센터 등 외화를 사용하는 모든 곳에 저를 체포하기 위한 잠복이 있었고, 심지어 국제통신센터와 정보센터에서 제가 외국과 통화한 내역까지 샅샅이 들추었습니다.

거기에 갑작스런 질병까지 찾아왔습니다. 아침에 일어나 앉기 힘들 정도로 허리가 끊어질 듯이 아팠던 것입니다. 체포령 때문에 병원에 갈 수 없었기에 의사를 불러왔는데 고안에 염증이 생겼다며 여인을 가까이 하면 치유에 도움이 될 것이라고 했습니다. 그러자 친구들은 평양시 고려호텔에서 종사하는 미모의 아가씨를 데려왔습니다. 하지만 저는 친구들을 나무라며 아가씨를 돌려보내고 평산에 있는 아내를 평양으로 불러들였습니다. 그리고 의사의 말대로 건강이 회복될 수 있었습니다.

제가 체포령을 받고 있는 상황은 전병호 비서에게도 부담이 되었기에 그는 박송봉 1부부장을 불러 저에 대한 체포령 해제에 관한 지시를 주었습니다. 그리하여 박송봉 1부부장은 원자력 공업부에 압력을 넣으며 협상안을 제시했습니다.

그 협상안은 제가 무역을 통해 벌어들인 이익금을 국방대학 측과 똑같이 나눈다는 조건이었습니다. 박송봉 1부부장은 그 협상을 국방대학 학장에게 맡겼습니다. 그래서 국방대학 학장은 평양에 와있던 저의 아내를 승용차에 태우고 우라늄생산 연합기업소가 있는 평산으로 갔습니다. 아내를 집에 데려다 주면서 우라늄생산 연합기업소 당 책임비서를 만나 협상하기 위해서였습니다.

한편 저는 1,200톤의 철강재를 실은 열차를 출발시키고 국방대학 25부장(외화벌이 책임자), 간부과장 등과 함께 중국과의 거래가 이루어질 함경북도 남양으로 갔습니다.

우리 일행에는 군부 밀수꾼들도 끼어 있었는데 그들은 외화벌이 업무를 책임지고 있는 고위직들이었습니다. 밀수품목은 금강석분말이었는데 그것을 중국 흑룡강성에 있는 국방연구소에 넘기기로 이미 약속되어 있었습니다. 국가보위부 반탐과장이 그 거래를 돕기로 하였습니다. 중국 쪽에서 온 승용차 트렁크에 밀수품을 실으면, 트렁크 검사를 하지 않고 그냥 세관을 통과시키는 방식이었습니다. 그리하여 남양에 도착하자마자 그 거래부터 신속하게 이루어졌습니다.

이제 남은 일은 1,200톤의 철강재를 중국에 수출하는 것이었는데 저는 그 과정에서 체포되었습니다. 우라늄생산 연합기업소 책임비서(김주식)는 평산으로 찾아온 국방대학 학장과 협상하는 척 하면서 저에 대한 일정을 파악하고, 안전원들을 급파하여 저를 체포했던 것입니다.

그리고 남양에 있는 군부위부에까지 체포령에 관한 협조공문이 전달되었습니다.

제가 원자력공업부 공무원 신분증 외에, 국방대학에서 발급된 군인 신분증을 소지하고 있기 때문이었습니다. 즉, 안전원이 군인을 체포할 수 없기 때문이었습니다.

그날 오전 남양 체신소(우체국)에서 중국 금환공사와 통화를 마치고 나오는데 안전원이 다가와 신분증을 요구했습니다. 그래서 군인 신분증을 보여주었더니 그는 거수경례를 붙이고 돌아갔습니다. 당시 저는 비즈니스 편리를 위해 그처럼 안전원이 신분증을 요구하면 군인의 신분증을 제시하고, 군보위부나 경무원(헌병)이 신분증을 요구하면 원자력공업부 공무원의 신분증을 제시하곤 했던 것입니다.

오후 2시경 남양 세관 2층에서 중국 측과의 면담을 마치고 나니 세관 건물 밖에는 군보위부 소속 무장군인들이 포위하고 있었습니다. 그 군인들에게 체포되어 군보위부 초소(상호-대동강초소)로 인도되었습니다.

그때 군보위부 초소장 대좌(대령)는 이미 국방대학 측으로부터 연락을 받았다면서, 군부를 위해 일하는 사람이니 적극 도와주겠다며 저의 의사를 존중하겠다고 했습니다. 제가 원하지 않는다면 안전원들에게 넘겨주지 않을 수도 있다는 것이었습니다. 하지만 그렇게 되면 원자력공업부와의 갈등이 더 커질 수 있어서 저는 안전부의 요구대로 넘겨주라고 하였습니다. 그래서 평양으로 호송되었습니다.

원자력공업부 청사에 들어서자, 원자력공업부 당 책임비서는 저를 보자마자 삿대질을 하며 야비한 욕설을 서슴지 않았습니다. 북한 전역에 저의 얼굴을 도배해 놓았으니 어디 한번 재간 있으면 튀어 보라고 말입니다.

그들은 저를 원자력공업부 치안당국에 있는 구류장에 수감시키지 않고 평천구역 안전부 지하에 있는 감옥에 위탁수감 시켰습니다. 사회안전부 정치국장인 장성우(장성택의 맏형)의 아들 장용철과 저의 친분이 때문이었습니다. 즉, 제 친구들이 저를 빼돌릴 수 있다는 우려 때문이었습니다.

그들은 제가 사용한 자금의 출처와 그 흐름에 대해 알아내려고 집요하게 따졌습니다. 그것이 밝혀지면 중요 직책에 있는 여러 사람들이 다치게 되어 저는 입을 다물어야 했습니다. 친구들이 평양시 안의 감방들을 다뒤져 저를 찾는 데 이틀이 걸렸습니다. 이어 평천구역 안전부의 관심 속에 특별대우를 받으며 편안히 지낼 수 있었습니다.

그 후 97국(핵개발 치안당국)은 그곳에서 저를 빼내어 황해북도 평산에 있는 우라늄생산 연합기업소 안전부로 호송하여 거기에 수감시켰습니다. 그리고 당 엄중경고 처벌과 함께 4개월이라는 강제노동 처벌을 내렸습니다. 저의 신분증까지도 모두 회수하였습니다. 손발을 묶어 놓고 저를 길들이기 위해서였습니다.

전병호비서는 저에게 별도의 처벌을 주지 말라고 지시했었습니다. 그런데 연합당 조직비서가 저에 대한 당 처벌을 강경하게 주장했습니다. 그 시기 당 생활을 강화하라는 김정일위원장의 친필지시가 있었는데, 체포령까지 받았던 당원을 처벌하지 않는다면 연합당 내 조직규율을 확립할 수 없다며 강경입장을 취했던 것입니다.

한편 평양의 친구들은 저를 빼돌리기 위해 분주하게 움직였습니다. 광업부 수출입과 과장을 하는 이명수는 삼촌인 이봉운(인민무력부 총정치국 조직국장)을 통해 저를 구출하기 위한 물밑 작업을 진행했습니다. 김정일위원장의 최측근인 이봉운의 파워 정도면 충분히 가능한 일이었습니다. 김위원장은 그가 내미는 문서를 읽어보지도 않고 사인해줄 정도로 특별히 신임하고 있었던 것입니다.

조건은 제가 중국과의 합작회사 설립을 성공하는 것이었는데, 그 계약서만 있어도 이봉운은 김정일위원장의 사인을 받을 수 있다고 했습니다. 인민무력부 총 정치국 산하에 별도의 무역회사를 설립하려면 김위원장의 사인을 받아야 했던 것입니다. 그것만 성사되면 김정일위원장의 직접적인 지시로 저는 군복을 입고 군부 산하의 무역회사를 설립할 수 있었습니다. 그렇게 되면 원자력공업부에서도 저를 내놓을 수밖에 없었습니다. 평양 친구들은 그 일을 성사시키기 위해 위조신분증을 만들어 왔고, 저는 질병으로 병원에 장기입원을 하는 척 안전원들의 감시를 따돌렸습니다.

우선 렌트겐 촬영에서 폐렴환자로 판정받기 위해 어깨에 금을 여러 개 박았습니다. 렌트겐 촬영에서 방사선이 금을 통과하지 못할 것이므로 필름에 나타난 그것을 폐에 생긴 염증으로 위장할 수 있다는 생각에서였습니다. 하지만 실제 렌트겐 촬영을 해보니 원하는 필름이 나오지 않았습니다. 그래서 하는 수 없이 2군단 14호 야전병원에서 척추

결핵 환자의 필름을 구해다가 제 것처럼 위조하여 병원에 입원 수속을 하였습니다.

평양에 도착하자마자 박송봉 1부부장을 만났습니다. 우리가 만난 곳은 정보센터 수영장이었는데 혹시라도 감시가 있을 것 같아서였습니다. 그 곳은 북한영화 '민족과 운명'에서 박정희 전 대통령이 목욕하고 미모의 아가씨로부터 마사지 받는 장면을 촬영했던 곳으로 전에 장용철이와 자주 갔던 곳이기도 합니다. 또한 외화를 사용하는 극소수의 사람들만 출입할 수 있는 곳이기 때문에 비교적 조용하고 안전했습니다.

저는 박송봉 1부부장에게 항의했습니다. 애국을 한 것 밖에 없는데 이렇게 죄인 취급을 당해야 하냐고 말입니다. 그는 전병호 비서도 안타깝게 생각한다며 미안하다고 했습니다. 자기가 체포령을 풀려고 했던 것이 오히려 저를 곤경에 빠뜨렸다는 것입니다.

우리는 수영장 안에 있는 매점에서 일본산 맥주인 기린을 사서 마시며 대화를 나누었는데 그는 뜻밖의 말을 하였습니다. 평산 우라늄생산 공장에 있는 바나듐을 팔 수 있는 길이 하나 있긴 있다는 것이었습니다. 그동안 저는 그 판로를 개척하기 위해 무진 애를 썼지만 끝내 성사시키지 못했었습니다. 그런데 그 판로를 열 수 있는 길이 있다고 하니 귀가 번쩍 뜨였습니다.

존경하는 국민 여러분.

1992년 1월 초에 710호 핵개발자금 고갈로 북한은 우라늄생산을 더는 할 수 없는 상황에 이르렀습니다. 그때 할 수 있는 것은 오로지 바나듐 생산뿐이었습니다.

이미 운반해 놓은 우라늄광석은 산더미처럼 잔뜩 쌓여 있었고, 그 것을 마광기에서 분쇄하여 황산을 첨가하면 바나듐을 생산할 수 있었 던 것입니다. 그리고 황산은 북한이 자체생산이 가능해 충분히 바나듐 을 생산할 수 있었습니다.

미국의 경제봉쇄로 인해 우라늄생산 공장이 가동을 멈춘 상태에서 할 일이 없어진 노동자들은 모두 바나듐생산에 동원되었습니다. 당시 전병호 비서가 직접 현장에 와서 지시를 하며 칼라 TV를 걸고 직장별 경쟁을 붙였습니다. 하지만 바나듐을 수출하지 못해 칼라 TV를 상품 으로 주기로 했던 약속은 지켜지지 않았습니다.

그때 저는 바나듐생산을 책임지고 했었는데 박송봉 1부부장도 현장 에 자주 왔습니다. 그는 바나듐을 수출하면 외화를 확보할 수 있고, 우라늄생산에 필요한 원료와 자재들을 수입하여 공장을 다시 가동할 수 있다며 간부들을 독려했습니다.

그렇게 대량 생산된 바나듐이 수년째 방치되고 있었습니다. 미국의 경제봉쇄로 수출 판로가 막혔기 때문이었습니다. 저도 그 판로를 개척 하려고 많이 뛰어다녔지만 미국의 경제봉쇄를 뚫을 수가 없었습니다. 그런데 박송봉 1부부장은 판로를 개척할 방법이 있다는 것이었습니 다. 대상이 남한이었습니다. 그가 말했습니다.

"자네도 알다시피 이미 우리 공화국의 핵개발은 끝났네. 지도자동 지께서는 수령님 대에 핵개발을 완성하겠다고 하셨지만 미국의 경제 봉쇄로 더 이상 버틸 수가 없는 한계에 왔네.

전병호비서 동지는 바나듐을 대량 생산해서 미사일 생산에 일부를 사용하고, 나머지 전량을 수출해서 핵개발자금을 확보할 계획을 세웠지만 모든 것이 스톱이 되고 말았지. 우라늄생산 공장도 멈춰서고, 핵연료봉 생산도 중단되고, 미사일 생산도 중단되고 모든 게 멈추었어. 어디 그뿐인가? 지하핵시설 공사에 동원된 군인들도, 핵미사일 공사에 동원된 군인들도 할 일이 없어서 농사만 짓고 있어. 현재로선 할 수 있는 게 아무것도 없어. 이젠 더 이상 버틸 수 없는 지경에까지 왔네. 차라리 이럴 바에는 선택을 해야지. 이 모든 게 미국의 경제봉쇄 때문이지 않은가. 그러니 모든 것을 다시 돌리려면 미국의 경제봉쇄를 푸는 길 밖에 없는데, 중국도 그 역할을 해 줄 수 없고 러시아에도 기대할 수 없네. 이런 상황에서 방법은 딱 한 가지 남조선과 손을 잡는 것뿐이네. 수령님께서도 그런 뜻을 말씀하셨네. 그래서 남조선과 우라늄생산에서부터 핵연료봉 생산에 이르기까지 합작하고, 그 핵연료봉 전량을 남조선에 있는 핵발전소에 가져다가 연소시켜 전기를 생산하고 남북이 공유하는 거야. 그러면 우리는 미국을 비롯한 국제사회를 안심시키고 많은 경제 원조를 얻어낼 수 있을 거네. 따라서 평산에 잔뜩 생산해 놓은 바나듐도 수출할 수 있는 판로가 열리게 되지. 그렇게만 되면 우라늄생산 공장도 다시 가동할 수 있고, 노동자들에게 중단된 식량과 영양제 공급도 다시 할 수 있네. 지금 남조선은 우라늄 핵연료와 바나듐을 전량 수입하고 있기 때문에 우리 공화국과 합작하면 그들도 많은 이득을 보게 될 거네. 자네가 그 일을 하고 싶지 않은가?"

"제가 어떻게요?"

"남조선 김영삼대통령한테 가서 우리 손잡읍시다 하면 되지."

"그럼 보내주시겠습니까?"

"이 친구야. 나한테 그런 권한이 어데 있어?"

"저보고 그 일을 하라면서요."

"내가 언제? 그 일을 하고 싶지 않는 가고 물어본 거지. 그리고 원래 혁명가는 자발적으로 알아서 하는 거야. 하하하."

그의 말은 농담이었지만 왠지 의미심장하게 들리기도 했습니다.

박송봉은 항일투사의 자제였는데 중국 길림성 연길에서 출생했습니다.

저는 중국 길림성 왕청에서 출생했는데 그곳은 김일성주석이 빨치산 투쟁을 할 때 근거지였습니다. 할아버지는 그 지역에서 반일지하조직 책임자를 하셨는데, 당시 저의 할아버지와 연계를 맺고 있던 연길 조직의 책임자는 김택선이라는 사람이었고, 그 조직에 림춘추(북한 부주석) 박영순(혁명박물관 관장) 등이 속해 있었습니다. 그래서 박송봉은 저를 각별히 신임했던 것 같습니다.

제가 평양을 떠난 것은 1994년 1월 9일입니다. 합작회사 설립을 위해 중국에 갔었습니다. 그런데 거기서 나의 체포령을 받게 되었습니다. 아내에게 보낸 편지가 국가보위부 검열에 걸렸는데, 그 편지내용이 문제가 되어 북한당국에서는 김일성주석의 명의로 된 체포령을 중국정부에 의뢰했습니다. 뿐만 아니라 체포조까지 파견하여 현장에서 사살해도 좋다는 특명까지 내렸습니다.

북한 당국이 그토록 예민하게 반응한 것은 제가 갖고 있는 정보 때문이었습니다. 미국과 치열하게 협상하고 있는 상황에서 핵개발정보가 유출되는 것을 심각하게 우려한 것입니다. 북한의 핵개발이 이미 2

년 전에 대부분 동결되었다는 것이 국제사회에 알려지게 되면 미국과의 핵 협상력을 완전히 잃게 되기 때문이었습니다.

제가 북한으로 끌려 나가면 적지 않은 사람들이 피해를 당할 수도 있었습니다. 그때 저를 잡기 위해 체포조로 파견되었던 요원들 중에 한 사람이 현재 남한에 와 있는데, 그의 말에 의하면 김정일위원장은 저와 관련된 사람들을 특별처리 하라고 지시했다고 합니다. 그래서 많은 사람들이 피해를 보았다는 것입니다.

북한에 있을 때 함께 무역을 했던 조선 제6설비 수출입회사(핵개발 관련 무역회사) 수출입과장 이권대씨도 함경북도로 추방되었는데 그의 부인이 현재 남한에 와 있습니다. 그녀를 만나고 나서 그들의 불행도 내 탓인 듯해서 많이 미안했습니다.

아무튼 그 상황에서 제가 북한에 끌려갔더라면 더 많은 사람들이 피해를 당할 수도 있었습니다. 특히 제가 정치범 수용소에 끌려가면 아내와 두 딸까지 함께 끌려가게 되므로 피해는 더욱 심각해 질 수 있었습니다. 차라리 제가 사라지면 가족은 정치범수용소를 면할 수 있었습니다. 중국에 숨어 살 수 있도록 모든 걸 보장해 주겠다는 사람도 있었습니다. 하지만 평생 숨어 살 수도 없는 노릇이었습니다.

그때 박송봉 1부부장이 했던 말이 생각났습니다. 그래서 그의 말대로 남조선에 가서 애국할 수 있는 일이 있을 수도 있다는 생각을 하며 스스로를 합리화했습니다. 배신자가 아니라 애국자가 될 수 있다고 말입니다. 아마 사람이 위기에 빠지면 그렇게 유리한 쪽으로 스스로를 합리화하려는 속성이 있는 것 같습니다.

그때 평양에서 걸려온 한통의 전화를 받았습니다. 매우 귀에 익은 목소였습니다. 그 목소리가 전하는 정보에 의하면 체포조가 이미 함경북도 남양에 도착했는데, 오후에는 세관을 통과하여 도문으로 들어갈 것이라며 절대 잡히지 말고 빨리 피하라는 것이었습니다. 그리고 자신과의 관계에 대해서는 어떤 일이 있어도 발설해서는 안 된다며, 대신 제 가족을 지켜주겠다고 약속했습니다.

상황은 예상보다 빨리 닥쳤습니다. 그날 오후 저를 돕는 분과 함께 백화점에서 쇼핑을 하고 그의 집에 가니 30분 전에 체포조가 와서 뒤지고 간 뒤였습니다. 더 이상 갈등할 틈도 선택의 여지도 없었습니다. 우선은 살아야 했습니다. 그래서 길림에 들렀다가 바로 북경으로 향했습니다.

북경 주재 한국대사관에 들어갔더니 대사는 한국에 가려는 목적이 뭐냐고 물었습니다. 그래서 남조선에 가면, 조선반도의 평화와 통일을 위해 의미 있는 일을 할 수 있을 것 같아서라고 대답했습니다. 그날 밤 샘조사를 받았는데 다음날 아침에 심문관이 말했습니다.

"우리 정부에서 김 선생을 데려 오라는 지시가 떨어졌습니다."

당시는 일반 탈북자들을 대사관에서 받지 않던 시기였는데 남한정부는 그런 지시를 내린 것입니다. 그 후 대사 방에서 며칠 지내다가 거기서 마련해준 아지트로 옮겨 열흘 넘게 있었습니다. 그리고 007 영화와 같은 일들이 벌어졌습니다.

인파가 많은 거리에서 저를 안내하던 요원이 오 간데없이 사라지고, 난생 처음 보는 두 사람이 저의 양팔을 하나씩 꼈습니다. 그들이 안내하는 아파트 뒷골목에 승용차가 대기하고 있었는데 저를 태우자마자 도심을 빠져나갔습니다.

끝없이 펼쳐진 대지에서 갈림길이 나타났는데 거기에 트럭이 대기하고 있었습니다. 저는 트럭에 옮겨 탔고, 트럭과 승용차는 서로 다른 방향으로 달렸습니다. 혹시 있을지도 모르는 미행을 따돌리기 위함이었습니다. 항구도시의 한 아지트에 도착해서는 난생처음 보는 아가씨와 부부로 가장시키기도 했습니다.

그때 대한민국 정부는 극비리에 군함까지 동원하여 저의 귀순을 도왔습니다. 정보기관의 고위간부는 그 군함을 타고 공해까지 마중 나왔는데, 그는 군함의 넓은 갑판을 가리키며 저에게 "여기는 대한민국의 영토와 같다"며 안심시켰습니다.

그렇게 한국에 오게 되었습니다.

존경하는 국민 여러분.

당시 조사기관에서는 제가 한국에 입국한 경로에 대해 질문하는 것이 금지되었고, 저도 그 비밀루트에 대해 발설해서는 안 된다는 안기부의 특별지시를 받았습니다.

저를 태운 승용차는 무장보초가 지켜선 정문을 통과하여 다층건물의 지하로 내려갔습니다. 저는 기분이 께름칙해지며 불안이 몰려오기 시작했습니다. 그 유명한 '남산 지하실'이라는 단어가 떠올라서였습니다. 이들이 어째서 날 이런 데로 끌고 들어 온 거지? 저는 긴장으로 머리카락이 곤두서는 듯 했습니다.

승용차에서 내려 무장요원들이 지켜선 엘리베이터와 복도를 지났습니다. 몸수색을 받고 들어선 방은 반달형 큰 책상이 놓여 있는 조사실이었습니다. 반달형 책상 바깥으로 여덟 명의 수사관들이 빙 둘러앉았습니다. 저는 책상 안쪽 가운데에 앉혀졌습니다. 얼음장 같이 냉정한 표정들이 날카로운 시선으로 저를 노려보고 있었습니다. 바짝 마르고 날카롭게 생긴 수사관이 먼저 질문을 시작했습니다.

"이름이 뭔가?"

"김대호입니다."

수사관은 이름, 고향, 전직 등을 묻고 나서 심문을 계속했습니다.

"한국에 온 이유는 뭔가?"

"조선반도의 평화와 통일을 위해 미력하나마 이바지하고 싶어서 왔습니다."

북경 대사관에서 했던 대답의 되풀이였습니다. 그러자 수사관이 책상을 쾅 내리치며 버럭 소리를 질렀습니다.

"건방진 놈. 야! 똑똑히 말 못해? 여기가 어딘 줄 알아?"

"……."

"너 정말 맞고 싶어? 맞기 싫으면 제대로 대답해!"

"……."

저는 입술을 깨문 채 아무 말도 할 수가 없었습니다. 갑자기 달라진 수사관들의 태도가 당혹스러웠고, 참을 수 없는 모욕감과 함께 분노가 치밀었기 때문이었습니다.

"처음부터 다시 하겠다. 이름?"

"……."

저는 모욕감 때문에 경련이 일기 시작했습니다.

"이름 몰라? 이름!"

여전히 저의 입에선 대답이 나오지 않았고 온몸이 부르르 떨렸습니다.

수사관이 소리를 질렀습니다.

"이름을 대라니까!"

"아까 말했잖소."

"뭐라고? 묻는 대로 대답해. 이름?"

"난 한번 내뱉은 말은 다시 반복하지 않소."

"뭐야? 그럼 직업은?"

"그것도 좀 전에 말했소."

저는 답변을 일체 거부했습니다. 분노가 극에 달해 피가 거꾸로 치솟는 듯 했습니다. 다른 수사관이 잠시 끼어들었습니다.

"이봐요, 김 선생. 그렇게 자존심만 내세우지 말고 조사에 협조해요."

"……."

분노가 사그라지지 않았습니다. 저는 더 세차게 경련을 일으키며 부들부들 떨었습니다. 수사관들은 더 이상 조사가 어렵겠다고 판단했는지 일제히 일어나 조사실에서 나갔습니다. 합동수사팀장이 나가다 말고 물었습니다.

"몸은 왜 그렇게 경련을 일으키오?"

"나는 내 인격을 존중하오. 그러니 당신들도 내 인격을 존중해 주시오. 분명한 것은 나는 당신들의 포로가 아니라 뜻이 있어서 찾아왔단 말이오."

"알겠소."

수사팀장은 머리를 끄떡이며 방에서 나갔습니다. 수사관 모두가 나간 조사실은 적막했습니다. 저는 그 적막 속에서 필요한 정보를 뽑아낸 후 저들이 나를 죽일 수도 있다는 생각을 했습니다. 북조선에서 늘 그런 선전을 들었습니다.

조사실에 다시 입장한 수사관들은 저에게 일일이 다가와 자기소개를 하고 손을 내밀었습니다. 첫 대면에 무례했던 점도 사과했습니다. 저도 그들의 사과에 잠시 공손해졌습니다. 하지만 무작정 고분고분 그들을 대할 수 없는 일이었습니다. 저는 조사에 앞서, 북한에서 제가 섬겼던 사람들이 피해를 당하지 않게 해 줄 수 있냐고 물었습니다. 그러자 조사팀의 책임자가 말했습니다.

"그걸 왜 당신이 걱정하오? 한 사람이라도 피해를 더 많이 보면 그 체제에 한을 품는 적이 그만큼 더 많아 질 텐데."

그 말에 소름이 오싹 끼쳤습니다. 정말 이 사람들을 믿고 함부로 입을 열었다간 북한에서 줄초상이 날 수도 있겠다는 생각에 마음이 얼음장같이 식었습니다. 그리고 북한 핵개발의 수장들인 전병호 비서나 박송봉 1부부장과의 관계가 밝혀지면 내 신변까지도 위험해질 수 있다는 위기가 느껴졌습니다. 그래서 말했습니다.

"그럼 이제부터 나는 내가 직접 보고 만진 것 외에는 아무 것도 말하지 않을 겁니다."

그 말에 조사관들도 흔쾌히 수긍했습니다. 그들의 그런 태도는 지금도 잘 이해가 되지 않습니다. 제대로 된 정보를 얻으려면 상대방의 마음부터 얻고 자기편으로 만드는 것이 우선되어야 하는데, 신사적이지 못한 그들은 동네 양아치와 같은 행태를 보이고 있었습니다. 조사는 날이 밝도록 계속 되었습니다. 북경주재 대사관에서 1차 조사를 받을 때도 밤샘 조사를 받긴 했지만 익숙하지 않은 일이어서 몹시 피곤했습니다.

1차 조사가 끝나 침실로 돌아와 누웠어도 좀체 잠이 오지 않았습니다. 신경이 너무 예민해진 탓이었습니다. 이미 옛 시절이 되어버린 북조선에서의 날들만 뇌리를 스쳐 지나가고 또 지나갈 뿐이었습니다.

오후에 심리 전문가라고 하는 사람이 거짓말 탐지기를 가지고 들어왔습니다. 그 기계가 몸에 설치되는 동안 저는 긴장했습니다. 당장 고압 전류가 몸에 흘러들어 까무러칠 것 같은 두려움이 엄습했습니다. 또 한편으로는 그 기계가 저의 결백을 입증해 줄 것 같은 기대감 등 만감이 교차했습니다. 그 가운데 테스트가 시작되었습니다.

"이름이 뭐죠?"

"김대호입니다."

"부모님 성함은요?"

그는 이런 식으로 질문을 하다 갑자기 억지를 부렸습니다.

"당신은 무슨 임무를 받고 왔죠?"

"무슨 말이에요?"

"당신은 간첩이죠?"

그 말에 저는 흥분했습니다. 밤샘 조사에서 정보를 모두 뽑아냈다고 착각한 이들이 트집을 걸어 어떻게 하려는 짓이 아닌가 하는 불안과 분노가 뒤엉켜 숨이 차올랐던 것입니다. 저는 단호히 부정했습니다.

"아닙니다."

"이 기계를 보세요. 지금 당신의 맥박 수가 갑자기 빨라졌습니다.

이건 당신이 흥분했다는 것을 의미합니다. 왜 흥분했죠? 진실을 말했다면 흥분할 이유가 없는 거죠."

"이봐요. 세상에 아무것도 훔치지 않은 사람한테 도적이라고 누명을 씌우는데 흥분하지 않을 사람이 어디 있겠어요?"

"……."

심리 전문가는 잠시 할 말을 잃은 듯했습니다. 저는 계속해서 말했습니다.

"유년 시절에 탐정 소설을 읽은 적이 있어요. 그 소설의 주인공이 지금 저와 비슷한 처지였는데 조사관이 그에게 진실을 실토할 수 있는 약물을 투여 하더군요. 몽롱한 의식 속에서 자신의 과거를 진실대로 말할 수 있는 약물이요. 그런데 여긴 그런 약이 없는가 보죠?"

"왜 없겠습니까. 단지 그 약을 쓰면 김 선생님의 두뇌가 손상되어 바보가 될 수도 있어요. 그래도 괜찮겠어요?"

"그건 곤란하죠. 그렇게 바보가 되자고 이 나라에 온 건 아니잖습니까. 전 앞으로 할 일이 많은 사람입니다."

"알겠습니다. 김 선생님은 제가 만난 귀순자들 중에 가장 유별난 사람 같네요."

이어 심리 전문가는 거짓말 탐지기를 챙겨 가지고 방에서 나갔습니다. 저의 신원을 확인하는 마지막 테스트가 끝난 것입니다.

존경하는 국민 여러분.

저는 남한에 와서 거리에 다니는 '무쏘' 승용차를 보고 일본에서 수입된 '사파리' 모델인 줄 알았습니다. 일본산 사파리와 모델이 비슷했기 때문이었습니다. 그래서 담당자에게 북한에는 3대 밖에 없는 사파리를 남한은 왜 이렇게 많이 수입했냐고 물었습니다. 그러자 그는 일본에서 수입한 것이 아니라 국내에서 자체 생산한 무쏘라고 했습니다. 그 말을 듣고 남한의 발전상에 많이 놀랐습니다.

80년대 중반에 북한은 리무진 버스 7대를 수입하였는데, 그 중 2대를 영변 핵단지에 주었습니다. 그 버스가 정차하는 정류소는 4월기업소(우라늄생산 공장), 박천군 맹중리 108연구소, 신안주역이었습니다. 평양에서 오는 핵개발 관계자들이 신안주역에서 내려 그 리무진을 이용했던 것입니다. 리무진은 평양시에서도 보기 어려운 고급 버스였습니다. 북한 사람들은 리무진이라는 말도 몰랐는데 핵단지 사람들은 그 버스를 리무진으로 불렀습니다. 그런데 남한에 오니 리무진 버스가 너무도 많았습니다.

삼성을 비롯한 기업현장을 견학하면서 북한의 우라늄생산 공장이 떠올랐습니다. 북한 우라늄생산 공장의 낙후한 시설들에 비해 남한이 이룩한 경제적 기술발전은 정말 눈부셨습니다.

북한에서는 우라늄광석을 운반하는 트럭들이 타이어가 다 닳아서 모두 주저앉았는데, 남한에는 그 타이어가 차고 넘쳐났습니다. 북한 우라늄생산 공장에서는 우라늄생산 촉매제로 사용되는 항공석유(옥탄가 높은 석유)가 없어서 우라늄생산을 못하고 있는데 남한에는 휘발유, 디젤유가 차고 넘쳐났습니다. 북한 우라늄생산 공장의 스텐 설비들은 다 닳아서 못쓰게 되었지만 외화가 없어 수입을 못하고 있는데 남한에는 차고 넘쳤습니다.

북한은 우라늄생산에 사용되는 탄산소다가 이미 고갈되었지만 외화가 없어 수입을 못하고 있는데 남한하고 손잡으면 금방 해결될 것 같았습니다.

북한 우라늄생산 공장에서 바나듐을 생산하는 회전로도 기술부족으로 노동자들이 원시적인 노동을 하고 있는데 남한하고 손잡으면 그것도 금방 해결될 것 같았습니다.

북한의 우라늄핵에너지 자원을 남북이 손을 잡고 공동개발하면 모든 게 해결될 것 같았습니다. 그래서 저는 남한 당국에 정보만 제공한 것이 아니라 북한에 있을 때의 경험을 살려 많은 아이디어도 제공했습니다.

"핵무기를 만들지 말라고 요구만 할 것이 아니라 남북한이 손을 잡아야 한다. 북한의 우라늄 핵에너지 자원을 함께 개발하고, 남북 합작으로 생산된 핵연료봉을 남한의 원자로에 가져와 전력을 생산하여 그 전력을 남북이 함께 공유해야 한다는 것이다. 이 같은 시스템을 구축한다면 북핵문제는 원천적으로 해결된다. 황해도 평산, 금천지방에는 질 좋은 우라늄 광석이 많이 매장되어 있다. 그 지역들에서 생산되는 우라늄은 석탄 속에서 생산되는데, 우라늄 0.8% 바나듐 1.4% 정도 포함되어 있다. 뿐만 아니라 우라늄, 바나듐을 생산하고 나머지 폐액에서 몰리브덴, 니켈, 라듐 등의 희유금속도 생산된다. 그만큼 이용가치가 크다고 할 수 있다.

평산군 평화리에 40만 톤 처리능력으로 건설된 대규모 우라늄생산 공장이 있는데, 실제로는 20만 톤 처리능력 수준이다. 이곳에서 생산된 우라늄은 영변 핵단지로 옮겨져 핵연료봉으로 만들어진다. 그 핵연료봉이 연소된 재는 플루토늄을 생산할 수 있는 원료가 된다. 그런즉,

북한의 우라늄광석 채굴에서부터 우라늄 정광생산, 핵연료봉 생산에 이르기까지의 시스템을 남북한이 합작하고, 그 핵연료봉 전량을 남한의 원자로에서 연소시키면 북핵문제를 원천적으로 해결할 수 있다. 미국을 비롯한 국제사회가 요구하는 대로 플루토늄이 생산되는 것을 차단할 수 있으니 말이다.

이는 남한뿐만 아니라 북한에도 큰 경제적 이득을 주게 된다. 아울러 이 시스템은 북핵문제 해결에서 가장 완벽하고도 모범적인 답안이다. 나는 북한 우라늄생산 공장과 영변 핵단지의 애로점을 잘 알고 있다. 그래서 남북의 합작으로 그 애로점들이 완전 해결될 수 있다는 것도 잘 안다. 내가 북한에 있을 때 바나듐―라선식 회전로의 기술적 부족으로, '토법'이라는 원시적 방법으로 바나듐을 생산하는 작업을 책임지고 고생한 적이 있다. 또 그 바나듐의 수출 판로를 개척하느라 애쓰기도 했다. 남북이 우라늄 생산 공장을 합작한다면 그런 문제들까지도 원만히 해결될 것이다.

실로 남북한은 북핵문제를 평화적인 합작으로 해결함으로서 많은 경제적 이득을 창출할 수 있다. 이는 북한이 일시적 지원을 받는 것에 비할 수 없이 큰 이득이 된다. 북핵문제의 평화적 해결로 북한도 엄청난 몫을 챙기게 될 것이다. 그러니 북한이 반대할 이유가 없다. 더구나 지금 북한의 핵개발은 이미 끝난 것이나 다름없이 파괴되었기 때문에 남한의 제안을 수용하게 될 것이다. 북한 당국으로서는 이미 파산된 거나 다름없는 우라늄생산 공장을 당장 가동할 수 있고, 열악한 전력 사정을 일시에 해결할 수 있을 뿐만 아니라 미국의 경제봉쇄를 풀 수가 있고, 국제적인 고립에서 벗어날 수 있어 체제도 더불어 안정시킬 수 있다. 그러니 한국정부가 북한의 핵개발을 흡수하고, 남북의 합작으로 원자력 핵에너지를 공동 개발한다면 한반도의 통일을 앞당길 수 있을 것이다.”

저는 그렇게 열심히 설득하려고 노력했습니다.

그런데 어찌된 영문인지 남한의 정보당국은 그 정보가치들을 희석시키기 위해 저의 신분을 작업반장으로 격하시켜 기자회견을 시켰습니다. 사실 처음에는 그 기자회견조차 하지 않으려고 했었습니다. 그래서 기자회견을 해줄 것을 강경하게 요구했습니다. 기자회견을 통해 꼭 세상에 밝혀야할 진실이 있기 때문이었습니다. 그렇게 강경하게 계속 요구하자 안기부 S 과장이 찾아와 말했습니다.

“당신 요구대로 기자회견을 하기로 했어요.”

“감사합니다.”

“그런데 당신 직함을 작업반장으로 소개하기로 했어요.”

“그건 왜죠?”

“상부의 지시오.”

“제 직함을 밝힐 수 없다면 그냥 공무원으로 하죠. 북한 원자력 공업부 공무원으로 말예요.”

“그렇게도 안돼요. 기자회견을 하고 말고는 우리의 선택이요. 내 말은 당신이 우리 요구대로 따르지 않겠다면 기자회견도 할 수 없다는 거야.”

그는 반말을 섞어가며 협박했습니다. 저는 밸이 꿈틀거리며 울컥 치밀었지만 참았습니다. 우선은 그들의 요구를 받아들이고 기자회견을 하는 것이 상책이라고 판단했기 때문입니다.

"알았어요. 그대로 따르죠."

"좋아요. 기자회견에서 당신이 발언할 내용은 우리가 작성할 테니 오늘부터 함께 연습하도록 해요."

"기자회견장에 나가서도 당신들이 시키는 대로 말하라고요?"

"안보차원에서 어쩔 수 없어요."

"……"

저는 또 한 번 실망했습니다. 그들의 요구는 본인의 의사 따위는 완전히 무시한 채 강요되는 것이었습니다. 사실 제가 가진 정보는 작업반장의 신분으로 절대 얻을 수 없는 것들이었습니다.

저는 국제사회에서 영변 핵단지로 부르는 곳의 북한 명칭은 분강지구이고, 1987년에 원자력위원회가 원자력공업부로 개편될 때 분리되어 중앙당 직속으로 들어가며, 공식명칭은 5기계공업총국으로 바뀌었다는 것을 최초로 공개하였습니다. 북한에서 분강지구로 불리는 그 영변 핵단지의 주소가 평양시 중구역 충성동으로 되어 있다는 것도 최초로 공개하였습니다. 국제사회가 평안북도 박천에 있는 것으로 알고 있는 우라늄생산 공장의 실제 행선지는 운전군 동삼리며 공식명칭은 4월기업소이고, 구소련과 합작했던 흑연생산 공장을 개조한 것이라는 것도 최초로 공개하였습니다. 우라늄광석 파쇄공정의 1:3 고액비, 우라늄 침출공정 1:4 고액비, 우라늄 추출 및 분말 건조공정 등에 대해서도 정확히 밝혔습니다.

영변 핵단지에서 우라늄생산에 수지알갱이를 사용했으며, 그것이 떨어지면 대신 2밀리 크기의 모래를 대용으로 썼다는 것도 최초로 공개했습니다. 우라늄폐기물을 처리하는 기술적 공정들에 대해서도 정확히 제공하였습니다. 평안남도 순천지방에 매장된 우라늄은 2호 광석으로 불리며, 평산 금천 지방에 매장된 우라늄은 3호 광석으로 불린다는 것도 최초로 공개하였습니다. 3호 광석에는 우라늄 0.8%, 바나듐 1.6%가 함유되어 있고 그 외 라듐, 몰리브덴, 니켈 등의 희유금속이 함유되어 있다는 것도 최초로 공개했습니다.

북한에서 실험실이라며 주장하고 국제사회가 그렇게 알고 있는 방사화학실험실이, 김일성의 12월 교시에 의해 만들어진 우라늄 폐연료봉 재처리 공장, 즉 영변 핵단지에서의 공식명칭은 12월기업소라는 정보도 최초로 공개했습니다.

존경하는 국민 여러분.

영변 핵단지에서 가장 중요한 시설들은 핵연료봉 생산 공장, 5MWe 원자로, 재처리공장 등이었는데 8월 기업소라고 부르는 핵연료봉 생산 공장에는 1985년 8월 5일 저와 함께 핵개발부대에서 제대한 300명의 동료들이 배치되어 있습니다. 그리고 재처리공장은 김일성의 12월 교시에 의해 만들어졌다고 하여 12월기업소라고 부르는데, 그 시설에는 전국 전문대학 졸업생들을 모집하여 생산인력을 충당하였습니다.

북한은 1986년 10월 5MWe 흑연감속원자로를 주체화하여 가동하는데 성공하면서 원자력위원회를 원자력공업부로 개편하였습니다. 그리고 분강지구로 불리던 영변 핵단지의 철저한 비밀보장을 위해 원자공업부에서 독립시켜 5기계공업총국으로 명칭을 바꾸었습니다.

그 시기 북한은 5MWe 원자로에서 사용된 핵연료봉을 처리할 시설이 필요했습니다. 그래서 김일성의 12월 교시로 그 재처리 공장이 생겨난 것입니다. 북한은 연간 70톤의 핵연료를 재처리할 수 있는 12월 기업소를 방사화학실험실이라고 주장하지만, 실제로는 핵무기의 원료가 되는 플루토늄을 생산하기 위해 만들어진 공장입니다. 저는 이러한 사실들을 최초로 공개했습니다.

그 방사화학실험실에서 자체 생산한 붉은 수은의 질이 불량하여 플루토늄을 제대로 생산할 수 없었다는 정보도 최초로 공개하였습니다. 구소련에서 붉은 수은을 밀수하여 플루토늄을 생산했다는 정보도 최초로 공개했습니다. 1989년 2월경 북한이 플루토늄 생산에 성공했다는 것도 최초로 공개했습니다.

그때 김정일은 전병호 비서에게 플루토늄 생산에 성공한 관련 과학자들에게 최고의 선물을 주라고 지시하여 일본에서 도시바 TV를 수입하여 선물하였으며, 간접 분야의 우수자들에게는 북한산 대동강 TV를 선물하였는데 저도 북한산 대동강 TV를 선물 받았다는 것도 최초로 공개하였습니다.

북한이 핵무기 제조에 필요한 물질로 플루토늄 핵분열시 도화선역할을 하는 베릴륨을 러시아에서 밀수했다는 것도 최초로 공개하였습니다. 그 베릴륨이 북한 사전엔 베르니움으로 기록되어 있다는 것도 최초로 공개하였습니다.

김일성주석과 김정일위원장의 핵개발에 관한 지시문을 기록한 기밀문서에 기록된 내용들도 최초로 공개했습니다. 당시 김일성주석이 북한의 핵개발에서 가장 큰 성과는 우라늄농축기를 주체한 것이라고 언급한 사실도 최초로 공개했습니다.

황해북도 평산에 대규모로 건설된 우라늄생산 공장에 대한 정보도 최초로 공개했습니다. 북한에서 평산 지구에 최대 규모의 우라늄생산 공장을 조업하면서 난제가 되었던 교반설비의 사고원인이 무엇이었고, 내가 그 원인을 어떻게 해결했는가에 대한 기술적 문제들에 대해서도 정확히 제공하였습니다.

우라늄생산 과정에 부수적으로 생산되는 바나듐 생산방법과, 북한의 기술적 난제가 무엇인지에 대한 정보도 정확히 제공하였습니다. 북한의 우라늄생산이 염법생산에서 산법생산로 전환하였고, 산성이 강한 우라늄 액을 다루기 위해 일본에서 스텐 판과 스텐용접봉을 수입하여 설비들을 만들었다는 것도 최초로 공개했습니다. 미국의 경제봉쇄로 외화가 고갈되어 일본에서 스텐 원자재들을 수입할 수가 없어, 핵개발설비들이 모두 망가졌지만 보수 및 교체할 수 없다는 것도 최초로 공개했습니다.

우라늄생산에 사용되는 탄산소다는 중국에서 수입하여 사용했는데, 역시 미국의 경제봉쇄로 외화가 고갈되어 수입할 수 없어 우라늄생산을 중단했다는 것도 최초로 공개했습니다. 우라늄생산에 첨가되는 항공석유(옥탄가 높은 석유)도 역시 미국의 경제봉쇄로 외화가 고갈되어 수입할 수 없어 우라늄생산을 중단했다는 것도 최초로 공개했습니다.

북한의 정밀기술이 낙후하여 유압식 설비들을 자체생산을 하지 못하고 전부 일본에서 수입하며, 초정밀 기계들도 전부 외국에서 수입하는데 정밀기술의 부족으로 핵실험도 할 수 없다는 것도 최초로 공개했습니다.

존경하는 국민 여러분.

당시 저는 북한의 핵개발부대에 대해서도 최초로 공개했었습니다. 1984년 가을 김정일은 전방부대에서 단련된 우수한 사관들을 모집하여 핵개발부대를 조직하라는 지시를 내렸습니다. 그로 인해 저는 전방부대에서 사관장으로 근무하다가 핵개발부대로 소환되었습니다.

그때 북한은 철도 복선공사를 위해 3공병국을 새로 조직했었는데, 동구권 사회주의가 몰락하며 북한의 경제도 어려워지고 철도 복선공사를 할 수 있는 여력이 안 되자 3공병국도 핵개발부대로 전환하였습니다. 즉, 철도 복선공사를 포기하는 대신 핵개발을 선택한 것입니다. 그리고 김정일은 자신을 핵개발부대의 총사령관이라고 자처하며, 그 핵개발부대를 자신의 친위대라고 명명하였습니다.

1985년 김정일은 중앙당 직속으로 131 지도국을 신설하고 핵개발부대를 통제하게 했습니다. 핵개발부대는 41여단, 42여단, 43여단, 47여단, 48여단, 49여단 등의 여단들로 되어 있었고 부흥무역 회사까지 갖추고 있었습니다.

핵개발부대 43여단은 영변 핵단지 내에 지상 및 지하 핵시설을 건설하였고, 47여단은 황해도 평산 지방에 대규모 우라늄생산 공장을 건설하였습니다. 49여단은 1985년에 기본 역량을 평안북도 대관군 금창리, 청계리 일대로 파견하여 지하 핵시설을 건설하였고, 일부는 황해북도 평산 지방으로 파견되어 우라늄 광산을 개발 확장하였습니다. 그후 1988년 10월 황해북도 평산 지구에서 우라늄 광산을 개발 확장한 49여단은 평안북도 대관군 지하 핵시설 공사에 투입되었습니다. 49여단은 지하 갱도 공사만 전문으로 하는 일명 두더지 여단이며 갖추고 있는 장비의 대부분이 일제였습니다. 트럭, 채굴설비, 수중펌프 등 모두 일본에서 수입한 장비들이었습니다.

41여단, 42여단, 48여단은 핵개발에 필요한 설비들을 제작하는 부대들이었습니다. 1991년 9월, 47여단에서 1개 대대를 선발 조직하여 함경북도 화대군 무수단에 핵미사일 기지를 건설하기 위해 파견했습니다. 그해 초에 군사건설국이 건설한 미사일 기지에서 첫 발사 시험이 있었고, 그 후 군사건설국이 철수한 후 핵개발 부대인 47여단에서 1개 대대를 파견하였던 것입니다. 그 지역은 한반도에서 일본 동경과 가장 가까운 거리에 있는 대일 전략기지이기도 합니다.

존경하는 국민 여러분.

저는 북한의 핵개발이 710자금(김일성의 주석자금)으로 운영되었다는 것과, 은행 특수자금과에서 94-돈자리(핵개발자금계좌)를 관리한다는 것도 최초로 공개하였습니다. 대안중기계공장과 같은 대규모 공장들에 710호 지휘가 있고, 해당 직장에도 710호 부직장장이 있어 핵개발 관련 제품 생산을 전담한다는 것도 최초로 공개했습니다. 1989년에 이르러 이미 대안중기계공장은 원자재가 없어 생산이 마비되었으나, 710호 지휘부에서 제시하는 핵개발 제품들만큼은 무조건 생산했다는 것도 최초로 공개했습니다.

김정일위원장은 북한에 들어 온 구소련 핵개발 및 미사일 기술자들을 정무원 총리 이상의 대우를 해주고, 그들에게 총리 및 정치국 위원들이 사는 특별지구의 사택까지 내주며 배려했다는 것도 최초로 공개했습니다. 구소련에서 핵개발 및 미사일 기술자들을 포섭하고 핵개발 관련 물질들을 밀수하며 710호 자금이 완전 고갈되었다는 것도 최초로 공개했습니다.

함경북도 화대군 지역에 핵실험장이 건설되고 있다는 것도 최초로 공개하였습니다. 미국의 경제봉쇄로 인해 북한의 핵개발이 전반적으로 동결되면서, 제가 외화벌이 상무를 책임지고 활동하게 된 경위에 대해서도 구체적으로 밝혔습니다.

조선 제6설비 수출입회사는 원자력공업부 소속이며, 핵개발 설비 및 원자재들을 수입하는 회사라는 것도 최초로 공개하였습니다. 조선 제6설비 수출입회사 수출입 과장의 이름은 이권대이며 그의 명함은 일본 도쿄본사의 대동강지사 지사장으로 밝혀졌는바, 그와 함께 무역 면담을 다녔던 일도 정확히 밝혔습니다.

김정일위원장이 전병호 비서에게 책임을 맡겼던 국방대학 건설이 중단된 사정과, 내가 해결사로 나서게 된 동기도 정확히 밝혔습니다. 중앙당 전병호 군수담당 비서가 당적으로 핵개발을 책임지고, 박송봉 1부부장이 행정적으로 핵개발을 책임지고 있다는 정보도 최초로 공개했습니다.

존경하는 국민 여러분.

제가 가지고 온 정보는 당시 북한으로선 가장 감추고 싶은 아킬레스건이었습니다. 그것을 감춰야 미국과의 핵 협상력을 높여 많은 지원을 이끌어 낼 수 있기 때문이었습니다. 그러므로 제가 남한에 온 것이 북한으로선 상당히 당혹스러운 일이 아닐 수 없었습니다.

그 상황에서 한국정부는 저의 신분을 조작하고 강요된 시나리오로 기자회견을 시켜 북한에 안심해도 된다는 긍정적 신호를 보냈습니다. 또한 기자회견에서 북한이 가장 두려워하는 정보가 공개되지 못하도록 철저히 통제함으로서 북한을 안심시켰습니다.

당시 북한은 영변 핵단지 5MWe 원자로에서 제거된 핵연료봉 샘플을 제공하지 않겠다는 서신을 IAEA(국제원자력기구)에 전달하며 미국을 압박했습니다. 그러자 미 국무부는 북한이 IAEA 사찰단이 부재인 상태에서 핵연료봉을 제거한다면 모든 형태의 대화를 중단할 것이라고 경고했습니다.

사실 그 당시 북한의 핵연료봉 재고량도 얼마 남지 않은 상황이었습니다. 이미 2년 전인 1992년 1월에 우라늄생산이 완전 중단되면서 핵연료봉 생산도 중단되었기 때문에, 그로부터 2년 후인 1994년에 이르러 5MWe 원자로를 가동할 수 있는 핵연료봉도 얼마 남지 않은 상태였습니다. 우라늄도 생산되지 않고 핵연료봉까지도 생산되지 않는 상태에서, 이미 생산된 핵연료봉만으로 2년 동안 버티며 간신히 5MWe 원자로를 가동하고 있었던 것입니다.

미국이 이 같은 정보를 알았더라면 북한의 핵연료봉 협박을 그냥 무시했을 것입니다.

또한 제가 기자회견을 통해 이미 2년 전에 우라늄생산이 중단되면서 핵연료봉 생산도 중단되었다는 것을 밝혔더라면 북한도 핵연료봉 협박을 할 수 없었을 것입니다. 하지만 당시 보수정권의 정보기관은 기자회견을 조작하면서까지 그 진실들을 은폐함으로서, 북한이 미국을 비롯한 국제사회에 핵연료봉 압박을 계속 할 수 있도록 했습니다.

당시 남한 보수정부는 북한의 대미협상력을 지켜주고 높여준 것입니다. 그리하여 미국은 자신들의 대북 경제봉쇄 조치가 북한의 핵개발을 대부분 동결시키는데 성공했다는 사실을 전혀 눈치 채지 못한 채, 핵개발 동결 조건으로 엄청난 경제적 지원을 약속하는 정말 바보 같은 제네바협정을 체결하게 되었습니다. 남한의 보수정권이 미국을 바보로 만든 것입니다.

존경하는 국민 여러분

영변 핵단지에 있는 4월기업소는 원래 소련과 합작한 흑연생산 공장이었습니다. 그런 것을 1982년에 우라늄생산 공장으로 전환하였습니다. 그즈음에 5MWe 원자로 건설이 시작되었는데 그 원자로에서 소비할 핵연료를 확보하기 위해서였습니다.

1982년 인민군에서 제대한 군인들이 그 공장에 생산인력으로 배치되어 우라늄을 생산할 수 있는 기능공으로 양성되었습니다.

1987년 8월 5일에는 핵개발부대에서 100명의 제대군인들이 그 공장에 배치되어 우라늄생산 능력을 확장하였습니다. 그리하여 한 달에 1톤의 우라늄을 생산하였습니다.

4월기업소에서 생산된 우라늄은 8월기업소에서 농축과정을 거쳐 핵연료봉으로 생산되는데, 이 공장은 1985년 8월에 핵개발부대에서 300명의 제대군인들이 생산인력으로 배치되면서 본격적인 가동을 시작했습니다. 이 공장의 생산능력은 연간 100톤의 핵연료봉을 생산할 수 있지만, 그 시기의 우라늄생산량은 연간 12톤 정도에 불과했습니다.

1985년 8월기업소가 조업하면서 그 이전에 가동하던 시험용 핵연료생산 공장은 폐쇄되었습니다. 그리고 1986년에 5MWe 원자로가 가동하기 시작하였습니다.

1987년에 이르러 4월기업소에서 우라늄생산 인력이 대폭 축소되었습니다. 100여 명의 기능공들이 평산지구에 건설 중인 대규모 우라늄 생산 공장으로 소환된 것입니다. 그 후 4월기업소에 우라늄광석을 공급하던 순천광산이 폐광되고 결국에는 4월기업소도 폐쇄되었습니다.

평산 남천화학연합기업소 화학공장(우라늄생산 공장)은 1990년 6월 20일 조업식을 하였지만, 1992년 1월에 우라늄생산을 전면 중단하였습니다. 1년 6개월 만에 가동을 멈춘 것입니다. 미국의 경제봉쇄에 드디어 북한의 핵개발이 무릎을 꿇은 것입니다.

이어 핵연료봉 생산 공장도 가동을 멈추었습니다. 영변 핵단지에 건설 중이던 50MWe 원자로와, 태천에 건설 중이던 200MWe 원자로 공사도 전면 중단되었습니다. 미국은 북미 제네바회담에서 핵시설들을 동결시키는 조건으로 많은 경제적 지원을 약속했는데 이미 2년 전에 그 핵시설들이 전면 동결된 것입니다.

하지만 미국은 그 사실을 전혀 몰랐습니다. 남한의 보수정부가 그 사실을 철저히 은폐했기 때문입니다.

존경하는 국민 여러분

저는 22년 전 보수정권에 의해 조작된 기자회견에서 이 모든 진실들을 밝힐 수가 없었습니다. 그래서 뒤늦게나마 국민들에게 직접 이 진실을 고하는 바입니다.

만약, 미국이 북한의 핵개발이 완전 불능상태에 빠졌다는 것을 알았더라면, 또 북한이 정밀기술의 낙후로 핵무기개발에 아직 성공하지 못했다는 것을 알았더라면, 또 북한의 자체기술로는 플루토늄조차 제대로 추출할 수 없었다는 것을 알았더라면 그처럼 바보 같은 협상을 하지 않았을 것입니다. 그로 인해 대한민국도 대북 지원에 동참하면서 11억 5천만 달러를 날리게 되었습니다.

1994년 10월 제네바에서 체결된 합의문에서 미국은 북한의 핵개발 동결조치에 대한 대가로 에너지난을 해결할 수 있도록 매년 200만 kW 전기를 생산할 수 있는 경수로 2기를 건설해주고, 완공 때까지 매년 중유 50만t을 공급해주기로 북한과 합의했습니다. 그리고 1995년에 경수로 건설을 추진하기 위해 한국, 미국, 일본은 뉴욕에서 한반도 에너지 개발기구(KEDO)를 정식 출범시켰습니다.

경수로 건설에 드는 총비용(46억 달러로 추정)의 70%를 한국이 부담하고, 일본은 약 20%정도인 10억 달러, 나머지 10%는 유럽연합의 몫으로 8000만 달러, 미국은 중유비용 및 KEDO소요 재원을 지원하기로 했습니다.

북한 함경남도 신포 금호지구의 경수로 부지 정리공사는 1997년 8월에 시작되었는데, 2003까지 전체 공정의 31.1%가 진행되어 2007년 11월쯤에 1호기가 완공될 예정이었습니다. 당시 원자로 건설은 두산 중공업이 맡고, 원자로 설계는 한국 전력기술주식회사(KOPEC)가 맡았으며, 경수로 터빈과 제너레이터 제작은 일본 도시바, 히타치가 시공은 현대, 동아, 대우, 두산 중공업이 맡아 공사를 진행했습니다. 경수로 건설 현장에는 KEDO 직원과 한국인 근로자 682명, 우즈베키스탄 근로자 351명 등 모두 1,100여 명이 체류하고 있었습니다. 그러다가 2002년 '북핵 2차 위기'가 불거지자 미국은 그해 12월 북한의 핵개발 의혹을 이유로 대북 중유공급을 중단했는데, 미국 내에서 경수로 건설 지원을 중단해야 한다는 주장이 거세게 제기되었습니다. 결국 2003년 12월, KEDO는 대북 경수로 사업을 중단하기로 결의해 2년여간 건설공사를 멈추고, 2005년 11월 22일 미국과 KEDO는 경수로 건설을 완전히 중단하기로 최종결정 했습니다. 그리고 2006년 1월, 북한 신포시 금호지구에 남아 있던 인력 57명이 현지에서 모두 철수함으로서 경수로 건설사업은 사실상 완전 종료되었습니다. 그렇게 낭비한 10년 동안 남은 것은 무엇입니까?

북한 신포시 금호지구에 경수로를 건설하다가 중단한 콘크리트 덩어리와 450억 원 어치의 장비들을 버려둔 채 철수했습니다. 남북협력기금 경수로 계정의 부채 11억3700만 달러를 북한에 제공했습니다. 10년 동안 이 모두를 허공에 날린 것입니다. 한마디로 한심하기 짝이 없는 바보짓을 한 것입니다.

공사현장에 버려진 레미콘 트럭 등 장비는 모두 장마에 녹슬고 말았습니다. 바로 이것이 제가 제공한 정보를 철저히 은폐하고, 북한의 허위정보를 유포해 우리사회와 국민들을 공포에 몰아넣고, 미국을 비롯한 국제사회를 감쪽같이 속인 한국 보수정권이 초래한 결과입니다.

존경하는 국민 여러분.

그 대가로 북한에서는 어떤 일이 일어났습니까? 1994년 이전에 더 이상 핵개발을 할 수 없을 정도로 완전히 주저앉았던 것들이 기력을 회복하고 일어나기 시작했습니다.

미국의 경제봉쇄 때문에 주저앉았던 트럭들에 타이어와 휘발유, 디젤유가 제공되고 그 트럭들은 우라늄광석을 운반하기 시작했습니다. 역시 미국의 경제봉쇄 때문에 외화가 고갈되어 스텐을 수입할 수가 없어서 완전히 파괴된 우라늄생산 시설을 복구 못하던 문제도 속 시원히 해결되었습니다. 뿐만 아니라 탄산소다, 항공석유 등의 원료들을 수입할 수가 없어서 우라늄을 생산하지 못하던 문제도 역시 해결되었습니다. 그리하여 멈추어 섰던 우라늄생산 공장을 정상가동할 수가 있었습니다. 제대군인들을 대대적으로 모집하여 우라늄생산 인력을 더 확장하기까지 하였습니다.

생산을 멈추었던 핵연료봉 생산 공장도 정상가동을 시작하였습니다. 정밀기술이 없어서 핵무기개발을 완성할 수 없던 것까지도 어느 정도 해결할 수 있었습니다. 아직 완전하지는 않지만 1차 핵실험을 할 수 있을 정도의 정밀기술을 확보한 것입니다. 더 나아가 농축우라늄을 확보할 수 있는 성과까지도 거두었습니다.

2002년 10월 3일 북한은 미국을 향해 외쳤습니다.

"우리는 우라늄 농축 핵개발은 물론 더 무서운 것도 가지고 있다!"

2006년 10월9일 10시35분 북한은 1차 핵실험을 진행하고 전 세계에 공표하였습니다.

"온 나라 전체 인민이 사회주의 강성대국 건설에서 일대 비약을 창조해나가는 벅찬 시기에 우리 과학연구부문에서는 주체 95(2006)년 10월 9일 지하핵 실험을 안전하게 성공적으로 진행하였다. 과학적 타산과 면밀한 계산에 의하여 진행된 이번 핵실험은 방사능 유출과 같은 위험이 전혀 없었다는 것이 확인되었다. 핵실험은 100% 우리 지혜와

기술에 의거하여 진행된 것으로서 강력한 사회적 국방력을 갈망해온 우리 군대와 인민에게 커다란 고무와 기쁨을 안겨준 역사적 사변이다. 핵실험은 조선반도와 주변지역의 평화와 안정을 수호하는데 이바지하게 될 것이다."

이 같은 결과는 보수정부가 북한의 핵개발이 이미 대부분 동결되고 더 이상 핵개발을 할 수 없을 정도로 완전히 파괴되고 몰락했다는 사실을 철저히 은폐하고, 미국이 북한에 대해 오판하도록 한데서 비롯된 결과입니다. 그 결과 오늘날 대한민국 국민들의 생명과 재산은 핵 폭풍 앞의 촛불과 같은 위기상황에 처하고 말았습니다.

존경하는 국민 여러분.

저는 일본에 갔을 때, 일본 텔레비전에서 북한 핵개발 공장들이 정상가동하는 것을 보고 아쉬움을 금할 수가 없었습니다. 그 모습이 제네바 회담의 결과에 의해서가 아니라 대한민국과 합작한 결과였으면 모든 것이 해결되었을 것이기 때문입니다.

당시 북한에 경수로를 지어 주는 것보다 제가 제공한 정보를 활용하여 한국정부가 북한의 핵개발 문제를 주도했더라면, 북핵문제는 평화적으로 완전히 해결되고 이미 한반도는 통일의 문을 열었을 것입니다. 하지만 남한의 보수정권은 그 모든 기회를 놓치고 말았습니다. 기회가 왔어도 잡을 줄 모르는 보수정권의 무능은 실로 개탄스럽지 않을 수가 없었습니다.

그 결과 북한은 핵개발을 완성하였고 미국본토까지 타격할 수 있는 대륙간탄도미사일 능력까지 갖추었습니다.

22년 전 그 절호의 기회를 놓쳐 우리 국민들은 심각한 안보위험에 빠지고 말았습니다. 지금의 북핵 위협은 남한 보수정권의 무능과 그 적대정책이 키워낸 독버섯과 같다고 할 수 있습니다.

존경하는 국민 여러분.

저는 아무리 생각해도 이해가 되지 않습니다. 그때 왜 남한 당국이 11억 5천만 달러를 버리면서까지 그런 바보 같은 선택을 했는지 말입니다. 제가 제공해 준 정보면 북한의 핵개발을 얼마든지 주도할 수 있었습니다. 더구나 그때 김일성주석까지 사망했습니다. 북한의 핵개발이 전반적으로 몰락한데 이어, 그 핵개발을 시작한 장본인까지 사망한 것입니다. 그 상황에서 북한은 남한당국이 내민 손을 잡을 수밖에 없는 상황이었습니다. 하지만 그때 남한은 어떻게 했습니까?

당시 야당 의원들의 국회에서 정부에 질문했습니다.

"정부는 북한에 조문단을 파견할 의사가 있느냐?"

"북한을 협상의 상대로 본다면, 북한 권력층이 문제가 아니라 북한 주민의 심리적 상태를 고려해 조문단을 파견할 의사가 있는가?"

"장제스와 마오쩌둥이 서거했을 때도 상호 조문을 했는데 정부는 북한에 조문단을 파견할 의사가 있는가?"

그러자 보수 언론들은 야당 정치인들이 김일성 조문에 나서려 한다고 비판하면서 이렇게 주장했습니다.

"전범인 김일성을 잊어서는 안 된다."

"숙청과 테러, 탄압 등 인권유린에 주목해야 한다."

"조문은 절대 있어서는 안 된다."

보수언론은 '조문'을 주장하는 세력들을 무조건 '친북 좌파'로 몰아 갔습니다. 그때 남한 당국이 김일성주석의 조문을 가서 김정일위원장을 만나 담판을 지었다고 생각해 보십시오.

"우리는 당신들의 핵개발이 완전히 동결되었다는 것을 알고 있다. 미국의 경제봉쇄로 외화가 이미 바닥이 났다는 것도 잘 알고 있다. 그래서 우라늄생산 공장도 멈추어 서고 핵연료봉 생산도 중단되었다는 것을 잘 알고 있다. 이 상황에서 앞으로 당신들이 버틸 수 있는 시간이 그리 많지 않다는 것도 잘 안다. 그러니 남북이 손을 잡자. 우리가 진심으로 당신들을 돕겠다. 우라늄생산 공장이 다시 가동할 수 있도록 돕겠다. 현재의 20만 톤 처리능력을 원래의 설계대로 40만 톤을 처리할 수 있도록 확장시켜 주겠다. 핵연료봉 생산 공장도 다시 가동할 수 있도록 돕겠다. 그리고 그 핵연료봉을 남한의 원자로에서 연소시켜 전기를 생산하고, 그 전기를 북한에 공급해 주겠다. 이처럼 남북한이 손을 잡으면 북한의 전력문제는 금방 해결된다.

생각해 보라. 북한에서 핵연료봉을 아무리 많이 생산한다고 해도 그 모두를 소비할 수 있는 핵발전소가 없다. 또 북한의 전력소비를 전담할 수 있는 핵발전소를 지으려 해도 많은 시간과 비용이 든다. 하지만 우리 남한과 손잡으면 금방 해결된다. 북한에서 생산되는 핵연료봉 전량을 남한의 원자로에서 소비하면 될 일이기 때문이다. 그렇게만 되면 미국을 비롯한 국제사회를 안심시킬 수 있고 미국의 경제봉쇄도 풀 수가 있다. 북한의 우라늄생산 과정에서 많은 바나듐이 생산되지만 판로가 없어 수출 못한다는 것도 잘 알고 있다. 그러니 그것도 우리 남한과 합작하면 금방 해결될 것이다. 그 바나듐 전량도 남한에서 수입하겠다. 북한 핵개발 근로자들에게 필요한 모든 생활필수품도 남한에서 보장하겠다. 북한 당국이 체제를 안정시키고 경제를 회복할 수 있도록 우리가 진심으로 돕겠다. 그러니 이젠 남북이 손을 잡자."

남한 당국이 김일성주석의 조문을 가서 김정일위원장을 만나 이 같이 담판을 지었더라면 그들은 이 같은 조건을 받아들일 수밖에 없었습니다. 그로부터 15년 후에 북한은 남한에 핵연료봉을 팔겠다고 한 적이 있습니다. 그것도 국제시세보다 훨씬 비싼 값으로 팔겠다고 말입니다.

15년 전에 북한이 더 이상의 핵개발이 어려울 정도로 완전히 몰락했을 때 남한은 핵연료봉을 헐값으로 구매할 수 있었습니다. 외화를 좀 벌어 보려고 바나듐을 잔뜩 생산해 놓고도 판로를 개척 못해 쩔쩔매던 북한이었습니다. 그것을 헐값에라도 팔고 싶은데 미국의 경제봉쇄에 막혀 팔 수가 없었습니다. 그래서 핵개발 지도부는 핵연료봉이라도 팔 수만 있다면 어디든지 헐값에라도 넘기고 싶다고 했습니다. 북한은 남한의 조건을 받아들일 수밖에 없는 상황이었습니다.

김일성주석이 사망한 후 북한은 극심한 식량난을 겪으며 수백만 명이 굶어 죽었습니다. 체제동요도 심각했습니다. 그래서 많은 주민들이 탈북하기 시작했습니다. 그 상황에서 북한이 버틸 수 있었던 것은 제네바회담에서 얻은 성과 때문이었습니다. 북-미 간에 제네바합의가 이뤄진 뒤 1995년부터 15년간 미국이 북한에 지원한 식량, 에너지, 의약품 등은 총 40억1285만 달러(약 34조4200억 원)에 이릅니다.

그런즉 제네바회담의 성과가 없었다면 북한은 붕괴되고 말았습니다. 아울러 제네바회담의 성과가 없는 상황에서 남한이 손을 내밀었다면 북한은 그 손을 잡을 수 밖에 없었습니다. 오죽하면 김일성이 사망하기 한 달 전에 "김영삼 만이 이 문제를 해결할 수 있습니다. 제발 김영삼을 만나게 해 주시오"라고 부르짖었겠습니까? 결국 김일성주석은 극심한 스트레스로 인해 사망하고 말았습니다.

그때 남한의 보수정부가 북한의 핵개발이 동결 차원을 넘어 더는 개발을 할 수 없을 정도로 완전히 파괴되고 몰락했다는 사실을 은폐하지 않고, 또 북한이 핵무기 개발에 이미 성공한 것처럼 거짓 정보를 유포시켜 미국을 비롯한 국제사회를 혼란시키지 않고, 제가 제공한 정보를 활용하여 북핵 문제를 주도했더라면 북한으로선 남한의 손을 잡을 수밖에 없었습니다. 그러면 북핵문제는 평화적으로 완전히 해결되었을 것이고 북한에서 수백만 명의 주민들이 굶어 죽는 것도 얼마든지 살릴 수 있었습니다.

더 나아가 대한민국은 한반도의 평화통일을 주도하며 이미 평화적인 통일을 이루었을 것입니다. 현재와 같은 북핵 위협은 없었을 것입니다.

존경하는 국민 여러분.

당시 저는 북한이 가장 감추고 싶어 하는 세 가지 정보를 갖고 있었습니다.

첫 번째는 북한의 핵개발이 이미 2년 전 1992년에 이르러 대부분 동결되었고, 더 이상 핵개발을 할 수 없을 정도로 완전히 파괴되고 몰락했다는 사실에 관한 정보였습니다.

두 번째는 북한에서 자체 생산한 붉은 수은의 질이 불량하여 플루토늄을 제대로 생산할 수 없다는 사실에 관한 정보였습니다.

세 번째는 북한의 초정밀기술이 낙후하여 핵무기개발에 성공하지 못했다는 사실에 관한 정보였습니다.

제가 이 진실을 기자회견에서 밝혔더라면 북한의 입장은 어떠했겠습니까? 그랬더라면 북한은 핵연료봉 재처리를 하겠다며 국제사회를 협박하지 못했을 것입니다. 또한 핵개발 동결 조건으로 미국과 협상을 하며 남한을 철저히 배제시켰던 입장을 철회할 수밖에 없었을 것입니다. 그리하여 대한민국은 북한의 핵개발을 평화적으로 해결할 수 있는 주도권을 잡을 수 있었을 것입니다. 이 정도의 계산은 보편적 상식을 가진 사람이라면 누구나 할 수 있는 것 아닙니까? 하지만 당시 한국 보수정권의 아마추어들로 인해 결정적 기회를 놓치고 말았습니다.

그 상황에서 카터 전 미국대통령이 북한을 방문하였고, 김일성은 그에게 김영삼만이 이 문제를 해결할 수 있다면서 남북정상회담을 제기하면서 북한 핵문제 해결은 새로운 기회를 맞게 되었습니다.

그때라도 한국정부가 북한의 핵개발이 이미 동결되었다는 사실을 은폐하지 않고 진실이 밝혀질 수 있도록 했더라면 북한의 핵개발이 평화적으로 해결될 수 있도록 주도할 수 있었습니다. 하지만 당시 한국정부는 끝까지 은폐하였습니다.

그리하여 미국은 아무 것도 모른 채 북한과 협상할 수밖에 없었습니다. 당시 한국 보수정부가 미국의 눈과 귀를 꽉 막아 놓았기 때문입니다. 그리고 한국은 그 협상에서 완전히 배제될 수 밖에 없었습니다.

김일성주석이 사망한 7월 8일에도 제네바에서는 제3차 북미협상이 진행되었습니다. 1994년 8월 13일 북한의 NPT 복귀와 관계개선, 경수로 발전소 제공을 위한 국제 컨소시엄, IAEA의 특별핵사찰, 북한에 대한 대체연료로 중유공급 등의 기본합의문에 도달합니다. 이처럼 다시 돌이킬 수 없는 역사적인 실수가 일어나게 된 것입니다.

존경하는 국민 여러분.

그때 북한의 핵개발을 동결시키는 조건이 아니라 다음과 같은 조건이어야 했습니다.

첫째, 북한에서 이미 동결되고 완전히 멈추어선 핵에너지 생산 공장들을 다시 가동시켜 준다. 구체적으로 타이어가 닳고 휘발유 디젤유가 없어 주저앉은 트럭들이 다시 우라늄광석을 운반할 수 있도록 타이어 휘발유 디젤유를 보장한다. 스텐, 스텐 용접봉이 없어서 완전히 망가진 우라늄생산 시설들을 다시 복구할 수 있도록 원자재를 보장한다. 탄산소다를 수입 못하여 우라늄생산이 중단된 것을 재개할 수 있도록 탄산소다를 보장해 준다. 항공석유가 없어서 우라늄생산을 못하는 것도 재개할 수 있도록 항공석유를 보장해 준다. 그 지원은 반드시 남북이 합작하는 조건이어야 한다. 그리하여 우라늄광석 채광에서부터 우라늄정광 생산, 핵연료봉 생산에 이르기까지 남북이 합작한다.

남북 합작으로 평산 우라늄생산 공장을 당시의 20만 톤 처리능력에서 40만 톤 처리능력으로 확장(원래 40만 톤 처리능력으로 설계되었으므로 충분히 가능함)하고, 핵연료봉 생산 공장을 영변 핵단지가 아닌 개성지구에 새로 짓는다.

그곳에서 생산되는 핵연료봉 전량을 남한의 원자로에 가져와 소비하고 그렇게 생산되는 전기를 북한에 제공한다. 그리고 남한에서 사용

될 전력생산을 위해 소비하는 핵연료봉에 대해서는 그 수입원가에 해당하는 식량 및 석유(휘발유, 디젤유 등)로 대신 지불한다.

둘째, 북한이 보관 중인 핵연료봉 전량을 국제 시가에 따라 남한이 수입한다.

셋째, 평산 우라늄생산 공장에서 보관하고 있는 바나듐 전량도 남한이 수입한다.

넷째, 우라늄생산 과정에서 부수적으로 생산되는 바나듐도 남한이 전량 수입하며, 그 수입원가에 해당하는 식량 및 석유(휘발유, 디젤유 등)를 대신 지불한다.

다섯째, 영변 핵단지에 있는 폐연료봉 처리공장(방사화학실험실)을 영구 폐쇄시킨다.

여섯째, 북한이 보관하고 있는 폐연료봉 전량을 남한이 보관한다.

일곱째, 영변 핵단지에 있는 핵연료봉 생산 공장은, 남북합작으로 개성지구에 건설되는 핵연료봉 생산 공장의 준공과 함께 영구 폐쇄한다.

여덟째, 상기 조건이 충족되는 조건으로 미국과의 평화협정을 체결한다.

아홉째, 상기 조건이 충족되는 조건으로 대북 경제제재를 완전히 해제한다.

열째, 상기 조건이 충족되는 조건으로 대한민국 정부는 11억3700만 달러를 북한에서 수입하게 될 핵연료봉, 바나듐 등에 대한 선불 형태로 제공한다.

이와 같은 조건은 북한에 경수로를 지어주는 것보다 훨씬 더 진보하고 확실한 조건입니다.

제가 기자회견을 통해 북한의 핵개발이 이미 2년 전에 대부분 동결되었다는 사실을 밝히게 되면 북한은 미국을 상대로 한 최후의 협상카드를 잃게 되므로 위의 조건을 받아들일 수밖에 없었던 것입니다. 그렇게 되었더라면 22년이 지난 지금의 한반도 모습은 완전히 달라졌을 것입니다.

북한의 핵개발이 평화적으로 해결되었을 것은 물론, 대한민국은 남북경협으로 GNP 5만 불 시대를 열었을 것입니다. 북한도 몰락했던 경제를 완전히 복원하고, GNP 1만 불 시대에 들어서고도 남았을 것입니다.

존경하는 국민 여러분.

하지만 당시 남한 당국은 아무것도 하지 않았습니다. 그 정보를 가진 저를 핍박하는 것만 일삼았을 뿐입니다. 제가 정보기관에서 사회로 나올 때도 안기부는 각서 쓸 것을 강요했습니다. 사회에 나가서 북한의 핵개발 실상에 대해 절대 발설하지 않겠다는 내용으로 말입니다. 각서를 쓴 대로 하지 않으면 간첩으로 판단하겠다고 협박했습니다.

당시 안기부는 제가 야당(자민련) 소속의 국회 국방위원장과 식사를 할 때도 곁에 앉아서 입을 통제하였습니다. KBS '남북의 창'에 출현한 적이 있는데 그때도 북한의 핵개발 얘기는 하지 말라는 압력을 받았습니다. 안기부는 KBS 담당 프로그램의 작가에게도 두 번이나 전화를 걸어 핵문제는 절대 질문하지 말라 했다고 합니다.

저에 대한 기사가 영국의 일간지에 실리자 안기부는 즉시 전화를 걸어 도대체 어떻게 된 일이냐고 따졌습니다. 그래서 영국기자와 식사를 함께 했을 뿐인데 대화내용이 신문에 실릴 줄은 몰랐다고 해명했습니다.

국방부 대북심리전담반에서 저에 대한 내용을 전단으로 제작하여 북한에 보낸다고 할 때 그들에게 간곡히 부탁했습니다.

"내 신분을 안기부에서 조작한대로 작업반장으로 하면 북한 주민들이 어떻게 생각하겠는가? 아마 북한당국에서 선전하는 대로 남한에 대해 신뢰하지 못할 것이다. 그러니 내 신분을 제대로 밝혀 달라."

그리하여 북한에 보내는 전단에는 저에 대한 신분을 정확하게 밝힐 수가 있었습니다.

훗날 제가 탈북자동지회 후원부장을 맡고 있을 때, 북한 영화촬영소 출신인 오영선감독이 찾아와 김대호란 사람을 만나게 해달라고 했습니다. 북한에 있을 때 그 삐라를 보고 남한에 올 결심을 하게 되었다는 것입니다.

소설형식을 빌려 북한의 핵개발 실태를 소개하고 나서는 정보기관에 불려가 2일간 심문을 받으며 그들이 불러주는 대로 각서 쓸 것을 강요당하기도 했습니다. 제가 한국사회를 혼란에 빠뜨릴 의도로 북한의 핵개발 실상을 발설했다는 내용이었습니다. 참으로 터무니없는 억지였습니다. 제가 각서를 쓰길 거부하자 그들이 말했습니다.

"우리는 당신을 간첩으로 만들 수도 있소. 그러니 이 정도로 끝내는 걸 감사하게 생각하고 우리가 시키는 대로 각서를 쓰는 게 좋을 거요."

그 말에 소름끼치는 공포가 느껴졌습니다. 북한에 있을 때 남한 정보기관이 기밀을 다 빼내고는 처참히 죽여 버린다는 선전을 많이 들었는데, 그들의 행태를 보니 정말 그럴 수도 있겠다는 생각이 들었던 것입니다. 그런 협박은 처음이 아니었습니다. 그래서 간첩으로 몰리는 것보다 낫겠다고 판단되어 그들이 불러주는 대로 각서를 썼습니다. 그들은 제가 지방에서 강연하는 장소에까지 나타나 북한의 핵개발 실상에 대해 발설하지 말라고 강요하기도 했습니다.

예수님이 말씀하셨습니다.

"거룩한 것을 개에게 주지 말며, 너희 진주를 돼지 앞에 던지지 말라. 저희가 그것을 발로 밟고 돌이켜 너희를 찢어 상할까 염려하라."(마태복음 7장 6절.)

제가 대한민국에 가져온 정보는 분명 진주목걸이와 같은 것이었지만 저들은 그것을 짓밟고 저를 모질게 핍박하였습니다. 그래서 더욱 원통한 것입니다.

제가 북한에서 김정일위원장의 6월 21일 친필지시에 의해 외화벌이 상무를 책임진 것은 이미 가동을 멈춰버린 우라늄생산 공장을 다시 돌리기 위함이었습니다. 당시 제가 팔 수 있는 것은 바나듐 밖에 없었는데 미국의 경제봉쇄 때문에 그것을 수출할 수가 없었습니다. 사실은 일본에 수출할 목적으로 바나듐을 생산했었는데 말입니다.

그래서 저는 황해남도 장연기계공장에 가서 철판과 용접봉 등의 자재를 보장해 줄 테니 70마력 어선을 만들어 달라고 했습니다. 그리고 그 요구사항과 함께 김정일의 6월 21일 친필지시문을 내밀었습니다. 그 내용은 핵개발 자금을 자체로 확보할 것과, 그에 관해 북한의 모든 당, 군, 행정기관들에서 적극적으로 협조하라는 지시였습니다. 북한에서 그 누구도 거부할 수 없는 지상의 명령이었습니다. 그리하여 장연

기계공장에서 어선을 건조할 수 있게 되었습니다.

당시 저는 은행 특수자금과에서 관리하는 94 돈-자리(핵개발자금 계좌)에 있는 자금을 꺼내 쓸 수 있었으므로, 장연기계공장에서도 그 돈으로 노동자들에게 월급을 줄 수가 있었습니다. 그러니 그들도 밑지는 일은 아니었습니다. 원자재가 없어 생산을 멈추고, 노동자들에게 월급도 제대로 주지 못하고 있던 차에 제가 그 모두를 해결해 주었으니 말입니다.

그 후 저는 남포 앞바다에서 핵개발자금을 확보한다는 특권으로 산란철에도 배를 띄워 하루에 대합조개를 1.5톤 이상씩 잡아들이기도 했었지만 그런 노력으로 우라늄생산 공장을 다시 돌리기에는 역부족이었습니다. 그런데 남한에 와서 남북이 합작하면 북한에 멈춰선 우라늄생산 공장을 다시 돌릴 수 있는 희망을 보았습니다. 그렇게만 될 수 있다면 북한에 두고 온 가족도 구할 수 있다고 생각했습니다.

하지만 이룰 수가 없었습니다. 그때 기자회견을 통해 진실을 밝힐 수 있었더라면 북한의 핵개발은 평화적으로 해결되고 한반도의 통일도 앞당겨졌을 텐데 말입니다.

전에 안기부 간부가 저의 신분을 격하시키면서까지 홀대한 것은 실책이었다고 고백한 적이 있습니다. 사실 그로 인해 대한민국 국민들은 너무도 많은 것을 잃었습니다. '그때 이미 북한의 핵개발을 완전히 끝낼 수 있었는데' 하는 아쉬움과 한이 뼈에 사무쳐 지금도 뇌리에서 떠나지 않고 있습니다. 그 정보는 내 부모처자 형제들의 희생과 바꾼 것이기에 너무도 안타깝고 가슴이 아픕니다.

중국에서 남한으로 갈 것을 결심하며 지은 노래가 있습니다.

내 사랑이 깃들던 나의 집은 아
어디 더냐 어디 더냐
둘러보니 눈물이 막네
갈라진 땅에 태어난 이 신세 애달프오
겨레여 이 눈물을 가시어 주소.

우리 언제면 만나랴
총칼 버리고 서로 만나 화해하여
남들처럼 편안히 살랴
갈라진 땅에 태어난 이 신세 애달프오
겨레여 이 눈물을 가시어 주소.

그날이여 어서 오라
우리 형제가 서로서로 힘을 합쳐
민족 존엄 떨치어 볼 날
갈라진 땅에 태어난 이 신세 애달프오
겨레여 이 소원을 이루어 주소.

중국 연변에 흐르는 해란강에서 기타를 들고 이 노래를 지어 부르
며 많은 눈물을 흘리기도 했습니다.

당시 보수정권의 정보기관은 저의 정보력을 희석시키기 위해, 저의
신분을 격하시키고 조작된 시나리오로 기자회견을 시켰습니다. 그리
고 그들의 방해공작으로 기자회견에서 제가 밝히고자 했던 정보들이
전혀 공개되지 못했습니다.

안기부는 미리 짜놓은 질문 사항에 대한 리허설을 3일 동안이나 저
에게 강요했습니다. 미국의 경제봉쇄 때문에 우라늄생산 공장이 언제
어떻게 생산을 멈추었는지에 대해서 만이라도 말할 수 있게 해달라고

간절히 요구했지만 절대 안 된다고 했습니다. 그러면서 트럭들의 타이어가 닳아서 우라늄광석을 제대로 운반하지 못한다는 것만 말하라고 했습니다. 그래서 왜 그것만 말해야 되냐고 물으니 위성사진을 통해 트럭들이 움직이지 못하는 것은 알 수 있기 때문이라고 했습니다.

안기부는 그 며칠 전에 우라늄생산 공장의 위성사진을 보여주며 설명을 요구한 적이 있습니다. 그들은 계열사 직장들을 거미줄처럼 연결하고 있는 관들이 무슨 역할을 하는 지에 대해 도무지 이해를 못하고 있었던 것입니다. 그래서 파쇄직장에서 우라늄침출 직장으로 연결되는 관과, 그 침출직장에서 우라늄추출 직장으로 연결되는 관과, 그 우라늄침출직장에서 바나듐생산 직장과 우라늄폐기물처리 직장으로 연결된 관과, 우라늄폐기물처리 직장에서 라듐, 몰리브덴, 니켈 등의 희유금속이 생산되는 공정과, 그 공정들을 거쳐 우라늄폐기물을 저장하는 미광장으로 보내지는 관들에 대해 구체적으로 설명해 주었습니다.

그때 위성사진에 찍힌 도로에는 트럭들이 한 대도 없었습니다. 2년 전에는 우라늄광석을 운반하는 트럭들이 줄지어 있었는데 그 후로 도로에서 트럭들이 사라진 것입니다. 미국의 경제봉쇄로 트럭들의 타이어가 닳아도 교체할 타이어가 없고, 휘발유, 디젤유도 이미 바닥이 난지 오래되어 모두 주저앉다 보니 도로에서 트럭들이 사라진 것입니다.

그 설명을 해 주었는데도 눈에 보이는 것만 기자회견에서 말하라는 것입니다. 위성사진에 보이지 않는 것들의 실상은 절대로 밝혀서는 안 된다는 것이었습니다.

우라늄생산 시설들이 이미 2년 전에 다 닳고 망가졌지만 미국의 경제봉쇄 때문에 외화가 고갈되어 스텐을 수입할 수가 없어서 보수할 수 없다는 것도 절대 밝혀서는 안 된다고 했습니다.

우라늄정광 생산에 첨가되는 항공석유(옥탄가 높은 석유)가 이미 2년 전에 바닥이났지만, 항공석유를 수입할 수가 없어서 우라늄을 생산할 수도 없다는 것도 절대 밝혀서는 안 된다고 했습니다.

우라늄 생산에 사용되는 탄산소다도 이미 2년 전에 바닥이 났지만 수입할 수가 없어서 우라늄을 생산할 수 없다는 것도 절대 밝혀서는 안 된다고 했습니다. 이미 2년 전에 우라늄생산이 중단되면서 핵연료봉 생산까지 멈추었다는 것도 절대 밝혀서는 안 된다고 했습니다. 영변 핵단지, 태천, 신포지구에서 건설 중이던 핵발전소 건설이 중단된 것도 절대 밝혀서는 안 된다고 했습니다.

10호 물자(전쟁대비용 휘발유)도 이미 바닥이 난 사실도 절대 밝혀서는 안 된다고 했습니다. 무수단 핵미사일 공사도 중단되고, 대관군 지하핵시설 공사도 중단되고, 그 공사를 맡았던 핵개발군인들이 농사만 짓는 농군으로 전락한 사실도 절대 밝혀서는 안 된다고 했습니다.

이미 2년 전 1992년에 이르러 북한의 핵개발이 전반적으로 동결되었다는 것도 절대 밝혀서는 안 된다고 했습니다.

제가 우라늄폐기물처리 직장부직장장을 하며 초급당부비서와 간부들의 당 생활을 관리하는 당-세포비서를 겸한 것도 절대 밝혀서는 안 된다고 했습니다. 1992년 6월 21일 핵개발자금을 자체로 확보하라는 김정일위원장의 지시로 제가 외화벌이 상무를 책임지고 활동하게 된 것도 절대 밝혀서는 안 된다고 했습니다.

북한에서 자체 생산한 붉은 수은의 질이 불량하여 플루토늄을 제대로 생산할 수 없다는 것도 절대 밝혀서는 안 된다고 했습니다. 북한의 정밀기술이 낙후하여 핵실험을 할 수 없다는 것도 절대 밝혀서는 안 된다고 했습니다. 구소련에서 붉은 수은을 밀수하여 플루토늄을 생산한 사실도 절대 밝혀서는 안 된다고 했습니다. 구소련에 종사하던 핵개발 및 미사일 기술자들을 북한에 데려와 정무원 총리 이상의 대우를 해 준다는 것도 절대 밝혀서는 안 된다고 했습니다.

제가 군함을 타고 극비리에 남한에 들어온 사실도 절대 밝혀서는 안 된다고 했습니다. 남한에 입국한 날짜도 4월 27일로 밝혀서는 절대 안 되며, 5월 7일에 입국한 것으로 말해야 한다고 했습니다.

기자회견을 통해 꼭 하고 싶은 말이 있었습니다. 저는 북한에 있을 때, 미국이 핵개발 시설들에 대한 폭격을 할 것에 대비한 대피훈련에 많이 시달렸습니다. 핵개발 지구의 직장들이 군사편제로 바뀌면서 부대대장의 임무를 수행하며 대피훈련을 직접 지휘하기도 했습니다. 그때 핵개발 지구의 사람들은 언제 있을지 모르는 미국의 폭격에 늘 불안해하며 말했습니다.

"우라늄생산 시설도 다 망가지고 기계도 다 고장이 났는데, 미국이 이런 사정을 안다면 폭격을 안 할 수도 있잖을까?"

"미국의 경제봉쇄 때문에 더 이상 핵개발을 할 수 없을 정도로 모든 게 다 중단되었는데 여기다가 왜 폭격까지 하겠다는 거야."

저는 기자회견을 통해 그 말을 전하고 싶었습니다. 북한의 핵개발이 이미 전반적으로 동결되었으니 폭격할 이유가 없어졌다고 말입니다. 그곳에 남겨두고 온 사랑하는 가족과 정든 사람들을 보호하려면 그 말만은 꼭 하여야 했습니다. 그래서 그 사실만이라도 밝힐 수 있게 해달라고 간곡하게 사정했지만, 안기부는 절대 안 된다고 하며 이미 앞에서 소상하게 말씀드렸던 온갖 방법으로 저를 회유하고 협박했던 것입니다. 결국 그들의 협박에 굴복한 저는 그들이 시키는 대로 복종하며 기자회견을 할 수 밖에 없었습니다.

당시 그 기자회견에 관한 언론 기사는 다음과 같습니다.

연합뉴스

(서울=연합(聯合)) 안기부는 7일 북한 원자력공업부 남천화학연합기업소 작업반장 김대호씨(35)와 탄광 채탄공 황광철(20), 광일씨(18) 형제 등 3명이 최근 북한을 탈출, 각각 귀순해왔다고 밝혔다. 안기부는 이들이 오는 9일 오후 2시 서울 중구 태평로 프레스센터에서 귀순 기자회견을 갖는다고 말했다.

김씨는 우라늄 정련공장인 원자력공업부 남천화학 연합기업소 폐수처리 작업반장을 맡아왔으며, 황광철씨는 회령시 궁심탄광 채탄공으로 일해 왔다고 안기부는 덧붙였다. (끝)

연합뉴스

지난 7일 귀순자 3명 기자회견서 폭로

영변 8월기업소서 우라늄연료봉 제작

식량난 극심 "일정(日政)때 만도 못하다" 불만 팽배

(서울=연합(聯合)) 북한은 주민들이 극심한 생활고에 시달리고 있음에도 불구, 막대한 자금을 투자해 대대적인 우라늄 탐사작업을 벌이고 있는 등 핵무기개발에 혈안 돼 있는 것으로 드러났다.

북한 원자력공업부 남천화학연합기업소 폐수처리 작업반장으로 일하다 7일 귀순한 김대호씨(35)는 함께 귀순한 황광철(20), 광일(18)형제와 합동으로 서울 프레스센터에서 기자회견을 갖고 "북한의 핵무기 개발은 극비리에 진행돼 그 보유여부는 알 수 없으나 핵개발이 이미 위험한 수준에 이른 것으로 안다"고 증언했다.

김씨는 현재 평안남도 순천광산, 황해북도 평산 1월기업광산, 황해북도 금천 월암광산에서 우라늄 탐사가 진행되고 있으며 이 곳에서 나온 우라늄을 평안북도 4월기업소와 황해북도 남천화학연합기업소 2개소에 있는 우라늄 정련공장으로 보내고 있다고 밝혔다.

또 영변 재정련 '8월기업소' 공장은 핵무기 제조에 사용되는 플루토늄을 생산해 내는 작업과 우라늄 연료봉 제작관련 업무를 처리하고 있다고 설명했다.

김씨는 "남천화학연합기업소에는 모두 8천여 명의 노동자가 종사하고 있으며 순도 80%의 우라늄을 정제해 내고 있다"면서 "이 곳에서 일하는 노동자들은 방사능에 노출돼 간염, 탈모증, 백혈구 감소 증세 등 직업병을 호소하고 있다"고 폭로했다.

김씨는 그러나 우라늄이 개발되고 있는 광산에서는 광석을 운반하는 차량의 타이어가 노후됐음에도 불구, 교체할 타이어가 없어 우라늄 운반이 제대로 이루어지지 않고 있으며 채탄설비의 고장도 잦다고 말했다.

MBC 뉴스

앵커: 최근에 북한을 탈출해 귀순한 북한 원자로 공업부소속 김대호씨는 오늘 기자회견에서 북한은 지난 87년부터 핵개발에 열중하고 있으며 지금은 상당한 진전을 이룬 것으로 보인다고 말했습니다. 오늘 기자회견 내용을 사회부 윤도한 기자가 전해드립니다.

기자: 북한 원자로 공업부 남천화학연합기업소에서 폐수처리 작업반장으로 근무했던 35살 김대호씨는 오늘 기자회견에서 북한은 지난 87년 원자력으로 한반도를 통일한다는 방침아래 우라늄생산에 열을 올리고 있으나 안전시설 미비로 많은 노동자들이 방사능 피해에 시달리고 있다고 말했습니다.

김대호씨: 우라늄 생산을 하면서 방사능에 의해서 백혈구 감소증 간염 또 탈모증 이런게……

기자: 김씨는 또 지난 88년 김일성 부자가 핵관련 과학자들을 격려했는데 그 후 플루토늄을 생산한다는 말을 들었다고 밝혔습니다.

김대호씨: 그후에 들리는 말에 의하면 그때 북한에서는 플루토늄을 생산했다고 합니다.

기자: 김씨는 이어 북한에서 핵문제는 워낙 비밀에 싸여있어 북한이 핵무기를 갖고 있는지 알 수는 없지만 북한의 핵무기 개발은 위험한 수준에 와 있는 것으로 생각한다고 말했습니다.

김대호씨: 북한에 핵무기가 있다, 없다 이거는 제가 딱 집어서 얘기할 순 없어도 지금 북한의 핵무기 제조는 극히 위험한 단계에서 완성되어가고 있다는 것을 저희가 이야기합니다.

기자: 그러나 우라늄 생산 현장에서는 자동차 부품과 연료부족으로 기초적인 운

송조차 제대로 하지 못하고 있는 실정이라고 밝혔습니다.

　김대호씨: 기술력 부족으로 광석을 제대로 운반하지 못하고 있습니다.

　MBC뉴스 윤도한입니다.

　이 모든 것이 당시 보수정권의 정보기관에 의해 조작된 것입니다. 그 후에도 조작된 내용으로 언론 인터뷰를 시켰는데, 그런 인터뷰를 하고 싶지 않다고 하면 남산지하실에 가고 싶으냐고 협박했습니다. 또 지난번처럼 배에 태워 다시 돌려보낼 수도 있다고 협박하기도 했습니다. 그렇게 강요된 인터뷰 내용들이 당시 신동아와 서울신문 등에 실리기도 했습니다.

　저는 핵개발부대 47여단에서 파견된 군인들이 핵미사일기지 건설에 동원된 사실을 전하며, 그 기지(화대군 무수단)는 철도가 없으므로 함경북도 길주역에서 내려 80리 정도 육로를 이용해서 간다는 것과 그 일대에서 핵실험장 건설도 극비리 시작되었다는 사실을 공개했습니다. 그리고 정밀기술이 부족하여 아직 핵실험을 할 수준은 아니라는 사실도 함께 밝혔습니다.

　당시 안기부의 조작된 기자회견이 있고나서 며칠 뒤 서울신문과 인터뷰하면서 핵개발부대인 3공병국이 대관군 일대에 지하핵시설을 건설하고, 길주−화대군 일대에서는 핵실험장을 건설하고 있다는 사실을 밝히려하자 옆에 있던 정보기관 간부가 제지하여 핵실험장이 건설되고 있다는 것까지만 말했습니다. 그때 기자가 화대군이라는 말을 잘못 듣고 기사에는 화성군으로 기재하였습니다.

　서울신문에 아래와 같은 기사가 실렸습니다.

북한 원자력공업부 남천화학연합기업소 폐수처리반장으로 일하다 생활고와 차별대우를 견디다 못해 북한을 탈출, 중국을 거쳐 귀순.

하루는 북한의 한 군관이 남한으로 가 귀순, 후한 대접을 받고 있다는 소식을 들었다. 그 소식을 듣고 나도 결심했다. 나도 남한으로 가자. 친척을 통해 귀순경로에 대한 도움을 받고, 중국 돈 3천원을 품속에 넣은 채 남행을 출발한 것은 4월 9일 새벽 5시였다.

이 모든 것이 당시 안기부에 의해 철저히 조작된 것이었습니다. 이처럼 당시 저의 입은 철저히 통제되었고, 국민들의 알권리마저도 완전히 무시되었습니다.

당시 북한이 중국에서 탄산소다를 수입하는 것만 막아도 핵개발을 원천적으로 막을 수가 있었습니다. 그 탄산소다가 없으면 우라늄을 생산할 수 없는데 북한은 탄산소다를 생산하지 못했던 것입니다. 만약 미국이 그 정보를 알았더라면 중국의 협조를 얻어 그것을 원천적으로 차단을 할 수 있었던 것입니다.

그리고 북한이 일본에서 스텐을 수입하는 것만 막아도 핵개발을 원천적으로 막을 수가 있었습니다. 우라늄을 생산할 때 황산이 첨가되기 때문에 일반 철은 그냥 산화되어 버립니다. 그래서 일본에서 스텐판, 스텐 용접봉을 수입하여 우라늄생산 설비 및 시설들을 만들었던 것입니다. 때문에 미국이나 일본이 그 정보만 알았어도 북한의 핵개발을 원천적으로 차단을 할 수 있었던 것입니다.

북한의 핵개발이 이미 2년 전에 대부분 동결되었을 뿐만 아니라, 북한의 자체기술로는 플루토늄추출도 제대로 할 수 없고, 정밀기술의 낙후로 핵실험조차도 할 수 없었다는 것, 이 모두는 매우 중요한 정보였지만 당시 보수정권에 의해 철저히 은폐되었습니다.

그 후 S 과장은 실장으로 승진하였습니다.

북핵문제를 평화적으로 해결할 수 있었던 정보들을 은폐한 죄는 처벌을 받아야 마땅하겠지만, 오히려 칭찬받고 승진까지 한 것입니다. 바로 이것이 당시 보수정권의 본 모습이었습니다.

저는 지금도 그 치욕을 잊을 수 없을 뿐만 아니라, 그 이유에 대해서도 도무지 이해할 수가 없습니다.

분명한 것은 그로 인해 이득을 챙긴 것은 북한이라는 것입니다. 그럼 당시 보수정권이 왜 그와 같은 일들을 감행했는가? 뭔가 있지 않고서는 그렇게 할 이유가 없었습니다.

그후 남한에서 15대 총선 때 북한군의 판문점 무력도발이 있었고, 그로 인해 보수당은 기존의 예상을 뒤집고 경기 북부와 강원도에서 몰표를 얻으며 크게 승리했습니다.

당시 총선에서는 집권여당이던 신한국당이 139석을 차지해 거대여당을 꾸렸고 국민회의는 76석, 자민련은 50석, 민주당은 15석을 차지했던 것입니다. 그때부터 북한의 군사적 도발행위가 남한의 선거에 영향을 미치는 '북풍'이라는 신조어도 생겨났습니다.

또 그후 1997년 12월 10일 보수정권의 재창출을 위해 '아미산'이라는 암호명의 안기부 비밀공작원으로 활동한 장석중씨는 중국 베이징 켐핀스키 호텔에서 북한 대외경제위원회 참사관 리철운, 김영수, 아시아태평양평화위원회 참사 박 충을 만나, 대선을 앞둔 12월 14일이나 15일 경 판문점에서 무력시위를 벌여 달라고 요청했습니다.

그와 같은 보수정권의 행태를 볼 때 저는 그 희생양이 되었을 수도 있다는 생각을 지울 수가 없습니다. 아니, 대한민국의 안보가 희생양이 되었습니다. 그로 인해 북미 제네바회담 협정서가 체결되었고 기회를 얻은 북한은 이미 동결되었던 핵개발을 재건하고 4차 핵실험에 성공할 수 있었으니 말입니다.

그런즉, 북한의 핵개발 성공 뒤에는 1994년 북미 제네바회담 협정서가 있고, 그 뒤에는 그해 5월 9일 보수정권에 의해 조작된 저의 기자회견이 있었습니다. 그 결과 우리국민들은 핵폭풍 앞의 촛불과도 같은 심각한 안보위험에 빠지게 된 것입니다.

이 평화로운 땅에 핵폭탄의 위험을 키운 원죄는 당시의 보수정권에 있습니다. 권력을 위해서는 국가안보도 헌신짝처럼 집어 던지고, 세계평화까지도 서슴없이 해치는 보수정권이었습니다.

역사를 돌이켜 보면 그들처럼 권력에 집착하는 자들 때문에 고구려가 망했고, 만주의 광활한 영토를 잃었습니다. 그리고 오늘 날에는 이 한반도를 핵전쟁의 참화 속에서 폐허로 만들 수 있는 심각한 위기까지 초래하였습니다.

정보기관에 있을 때 매일 술이 공급되었습니다. 원래 그곳에서는 탈북자들에게 술이 엄격히 금지 되었는데, 제가 극심한 스트레스에 시달리며 괴로워하자 특별히 술을 공급한 것입니다. 한마디로 병 주고 약주는 식이었습니다.

어느 날 아침 식사시간에 식당에 가니 처음 보는 탈북자가 하소연을 했습니다. "이럴 땐 술이라도 한 잔 했으면 좋겠다"고 말입니다. 그래서 저는 다시 호실에 돌아와 냉장고에 있던 소주를 물주전자에 담아 가지고 가서 그에게 주었습니다. 물을 주는 척 하면서 소주를 준 것입니다. 그러자 그는 연신 고맙다고 하며 말했습니다.

"이 신세 꼭 갚을 게요. 내 이름은 김동운이고, 강성산 총리 사위인 강명도하고 같이 남조선에 왔어요. 돈도 적지 않게 갖고 왔는데 여기서 나가면 꼭 신세 갚을 게요."

저는 그 일로 불편한 일을 겪어야 했습니다. 식당에 함께 있던 탈북자들 중에 누가 그 사실을 고자질했던 것입니다. 그곳에서는 탈북자들에게 술 마시는 것이 엄격히 금지되어 있는데 왜 차별대우를 하냐고 신고한 것입니다.

그 후 강명도씨는 기자회견을 하면서 폭탄발언을 쏟아냈습니다.

"93년, 제가 올 때까지만 해도 핵폭탄이 완전히 완료된 것으로 알고 있습니다. 약 5개 정도의 핵폭탄은 완전히 완료했습니다. 또 북한은 올해 안으로 최소한 핵폭탄 10개를 보유한다는 목표를 가지고 있으며, 이 계획을 성공하면 핵 보유 사실을 전 세계에 공개할 방침인 것으로 알고 있습니다. 우선 최소한 10개를 확보하자, 이것이 그들의 계획입니다. 최소한 10개를 확보한 다음에 공개하면서 '우리는 핵폭탄을 가지고 있다. 이 이상 만들지 않겠다. 그러니까 만들어 놓은 것은 이제 허용해 달라.' 북한은 이 경우, 핵 보유가 기정사실로 인정받을 수 있을 것이라는 계산을 하고 있습니다."

그는 저와 정반대의 주장을 하고 있었습니다.

저는 북한이 아직 유압식 기계도 만들지 못할 정도로 정밀기술이 낙후하여 핵실험을 할 수 없다고 했는데, 그는 이미 북한이 핵폭탄을 만들었다고 주장하는 것이었습니다. 그는 핵단지 근처에도 가보지 못했지만 저는 그 현장에 있었습니다. 그리고 저는 북한에서 핵개발 수장들인 전병호 비서와 박송봉 1부부장들과 가까이 했던 사람입니다.

저는 정보기관에서 말했습니다.

"북한 보위부에 여론조작을 전담하는 부서가 있다. 그곳은 그런 소문을 만들어내는 곳이다. 그러니 절대 거기에 말려들어서는 안 된다."

그러자 일부 정보요원들은 저의 주장에 대해 '그것도 보위부 여론조작 부서에서 만들어낸 것이냐?'며 비아냥거리기도 했습니다. 강명도씨의 폭탄 발언은 남한 국민들에게 큰 충격을 주며 사회를 혼란에 빠뜨렸습니다. 미국을 비롯한 국제사회에도 큰 파장을 일으켰습니다.

반면 북한 당국엔 뜻밖의 큰 호재가 되었습니다. 북한의 상투적인 전략은 무언가 있는 듯이 거짓 포장을 요란하게 하는 건데, 그 전략을 남한의 정보기관에 의해 훌륭히 관철된 것입니다.

당시 보수정권의 정보기관은 북한의 핵개발이 이미 2년 전에 대부분 동결되었다는 사실은 철저히 은폐한 반면에 북한의 허위정보를 유포시키는 대역을 담당했습니다. 저의 신분을 격하시켜 조작된 기자회견을 시킨 반면에, 강명도씨를 내세워 북한의 허위정보를 유포시킨 것입니다. 즉, 당시 남한의 보수정권은 북한의 하수인 역할을 훌륭히 해낸 것입니다.

존경하는 국민 여러분.

저는 1992년 5월 한스 브릭스 총장이 핵사찰을 할 때, 영변 핵단지 지하핵시설을 은폐하는데 사용된 납판을 옮기는 작업을 책임지고 지휘했었습니다. 그리고 그가 우라늄생산 공장을 사찰할 때에는 연합기업소 지배인의 방에 있는 나무의자들을 평산 호텔에 있는 소파들로 바꾸는 작업을 책임지기도 했습니다. 한스 브릭스 총장이 잠시 머물 수 있는 방안의 분위기를 연출하기 위해서였습니다.

그때 한스 브릭스 총장 일행은 우라늄을 생산하고 남은 폐기물에 대해서도 관심을 나타냈는데, 저는 그 현장에서 우라늄폐기물 처리방법과 관리에 대한 설명을 맡기도 했습니다. 당시 우라늄생산 공장에서 우라늄폐기물 처리 및 관리에 대해 가장 완벽하게 설명할 수 있는 사람은 저 밖에 없었기 때문이었습니다.

중요한 것은 한스 브릭스 총장이 핵사찰을 할 때 우라늄생산 공장은 이미 가동을 멈춘 상태였다는 것입니다. 우라늄생산 공정은 연쇄공정이고, 또 가동을 멈추면 30분 이내로 우라늄 잔사가 딱딱하게 굳어져 펌프로 퍼낼 수 없을 뿐만 아니라 삽날도 박기 힘들 정도가 됩니다. 그럼으로 우라늄생산 공정은 가동을 멈출 수가 없습니다.

그런데 1992년 1월에 우라늄생산 공장은 일제히 가동을 멈추었습니다. 미국의 경제봉쇄로 인한 북한의 핵개발이 동결되기 시작한 것입니다. 그래서 탱크 안에서 굳어진 우라늄 잔사들을 삽질로 퍼내어 바나듐을 생산한 것입니다.

한스 브릭스 총장 사찰단은 그렇게 멈춰서고 깨끗이 청소된 우라늄생산 공장만 둘러보았습니다. 하지만 그는 미국의 대북 경제봉쇄 조치가 성공해서 북한의 핵개발이 동결되기 시작했다는 것을 전혀 눈치 채지 못했습니다. 단지 우라늄생산 공장이 보수 중이어서 가동을 멈춘 줄로만 알았던 것입니다.

그가 사찰할 때 우라늄 침출직장 뒤 담장 아래에는 처마가 길게 쳐져 있고 그 밑에 우라늄 잔사들이 잔뜩 쌓여 있었습니다. 우라늄 생산이 중단되면서 대신 바나듐을 생산하기 위해 저장해 놓은 것이었습니다. 그리고 보수를 중단한 우라늄 탱크 내벽에는 납판이 없어서 씌우지 못한 상태였습니다. 영변 핵단지의 지하핵시설을 은폐하기 위해 납판을 모두 가져간 것입니다. 한스 브릭스 총장 사찰단이 조금만 더 깊숙이 파고들었더라면 그 모든 실상을 파악할 수도 있었겠지만 북한은 그것을 절대로 허용하지 않았습니다.

그 당시 북한의 전략은 이미 동결된 핵개발 실상을 철저히 은폐하고, 핵연료봉을 가지고 미국을 비롯한 국제사회를 압박하여 고위급 회담을 성사시키는 것이었습니다.

그 궁극적 목적은 핵개발을 동결한다는 명분으로 미국을 비롯한 국제사회로부터 될수록 많은 경제적 지원을 뜯어내는 것이었습니다.

제가 남한에 온 후 북한과 미국의 줄다리기 핵협상은 다음과 같이 진행되었습니다.

4월 29일 북한은 영변 핵단지 원자로에서 제거된 핵연료봉 샘플을 제공하지 않겠다는 서신을 IAEA(국제원자력기구)에 전달하며 미국을 압박했습니다.

5월 2일 미 국무부는 북한이 IAEA 사찰단이 부재인 상태에서 핵연료봉을 제거한다면 모든 형태의 대화를 중단할 것이라고 경고했습니다.

5월 3일 국제원자력기구가 영변 핵단지 원자로에 핵연료봉 재충전에 대한 IAEA의 시찰을 요구하는 서신을 북한에 전달하자, 북한은 외무성 대변인 성명을 통해 IAEA가 보낸 서신에 대한 거부 의사를 표명하며 미국과의 줄다리기를 시도했습니다.

5월 4일 북한은 5MWe 원자로에서 핵연료봉 무단인출을 시작하며 미국을 압박했습니다.

5월 9일 미국은 사찰단이 도착할 때까지 북한의 핵연료 재충전을 연기해 줄 것을 북—미 실무회담 (뉴욕)에 요청했습니다.

그날 서울 프레스센터에서 저의 기자회견이 있었습니다. 그 기자회견에서 밝혀졌어야 했습니다. 이미 2년 전에 북한에서 우라늄생산이 중단되었으며, 핵연료봉 생산까지 중단된 사실이 반드시 밝혀졌어야 했습니다.

북한에서 자체 생산한 붉은 수은의 질이 불량하여 그것으로는 플루토늄을 제대로 추출할 수 없었다는 것도 밝혔어야 했습니다. 이는 매우 중요한 정보입니다. 북한이 사용후 핵연료봉을 가지고 아무리 협박해도 거기서 플루토늄을 추출할 수 없다면 무용지물이나 마찬가지이기 때문입니다.

그리고 북한의 정밀기술이 낙후하여 핵탄두를 만들 수 없었다는 것도 밝혔어야 했습니다. 이 역시 매우 중요한 정보입니다. 북한이 플루토늄을 확보했을지라도 정밀기술의 낙후로 핵무기개발을 완성할 수 없다면 그 역시 무용지물이나 다름없기 때문입니다.

미국이 그 정보들을 알았더라면 그들은 판단했을 것입니다.

북한의 5MWe 원자로가 2년 전에 생산된 핵연료봉으로 간신히 가동하고 있고 이제 얼마 버티지 못할 것이라는 것을 말입니다. 아울러 미국의 대북 경제봉쇄가 이미 성공했고 마지막 한 수만 남겨 놓고 있다는 것도 판단했을 것입니다. 그리고 그 판단은 미국의 대북 협상전략을 바꾸어 놓았을 것이고, 이 한반도의 비핵화를 실현하는데 결정적 역할을 했을 것입니다. 하지만 당시 남한의 보수정권은 미국이 그런 판단을 할 수 없도록 저의 입을 철저히 통제했습니다.

5월 12일 북한은 5MWe 원자로의 핵연료봉 인출 개시를 IAEA에 통보했습니다.

5월 13일 IAEA는 사용 후 핵연료봉 재처리 기구에 설치한 카메라 점검과 봉인상태를 확인하고, 5MWe 원자로 사찰단을 파견할 것이라고 발표했습니다.

5월 14일 북한은 IAEA 사찰단이 도착하기 전에 5MWe 원자로에서 핵연료봉 인출을 시작하며 미국에 대한 압박의 강도를 높여갔습니다.

5월 15일 클린턴 행정부 관계자는 북한이 핵연료봉 내의 연료를 제거하였으므로 미국은 안보리에서 제재조치를 강구할 것이라고 발표하였습니다.

5월 17일 IAEA 사찰단은 방사화학실험실과 5MWe 원자로에 대한 사찰을 실시했습니다.

영변 핵단지에서는 그 방사화학실험실을 12월기업소라고 부르는데, 김일성의 12월 교시에 의해 전문대학들에서 모집되어온 청년들은 많이 타락한 상태였습니다. 방사선 피해라는 공포에 절망한 그들은 차라리 죄를 짓고 교도소에 가는 것이 낫다고 말하기도 했습니다. 교도소에서 출소하면 고향으로 돌아갈 수 있다는 희망에서였습니다. 그래서 청년들은 핵단지 안에서 무법자로 행동했었습니다. 저도 핵단지에 있는 식당에서 그들과 부딪쳐 곤욕을 치를 뻔했던 적이 있습니다.

5월 19일 IAEA 사찰단은 북한이 5MWe 원자로에서 사용 후 핵연료를 인출하기 시작했음을 확인했습니다.

5월 20일 미국은 북ー미 고위급회담 재개를 결정했습니다. 북한은 핵연료봉 압박 작전으로 미국을 고위급회담장으로 끌어내는데 비로소 성공한 것입니다.

5월 21일 북한은 최근 재충전된 영변 핵단지 5MWe 원자로에 대한 안전조치 수행을 수락할 의사가 있음을 IAEA에 전달하며 한발 물러서는 듯한 성의를 연출했습니다.

5월 25일부터 5월 27일 북한과 IAEA 실무회담(평양)은 영변 원자로에서 인출된 사용 후 핵연료를 검증하기 위한 안전조치 수행을 논의했습니다.

5월 27일 IAEA 사무총장 한스 브릭스는 유엔 사무총장에게 북한이 '매우 빠른 속도로' 5MWe 원자로의 핵연료를 인출하고 있음을 통지하고, 5MWe 원자로 핵연료봉의 추후 계측 가능성을 상실했다며 안보리에 보고했습니다.

5월 30일 유엔 안보리는 북한에 인출된 핵연료 중 플루토늄 생산여부 판단을 위해 사용 후 핵연료 확보를 촉구하는 성명을 발표했습니다.

사실 북한 방사화학실험실에서 자체 생산한 붉은 수은의 질이 불량하여 플루토늄을 제대로 생산할 수 없었습니다. 그래서 러시아에서 밀수하여 그것으로 플루토늄을 생산했던 것입니다.

위에서도 밝혔듯이 내가 남한에 와서 그 붉은 수은에 대한 정보를 말해 주었지만 당시만 해도 남한에서 붉은 수은의 용도에 대해 아는 전문가가 단 한명도 없었습니다. 그 후 국방과학연구소 신성택 박사가 미국 원자력 학회에서 1980년에 발행한 『플루토늄 핸드북』이란 책을 읽고 내 말이 사실임을 입증했던 것입니다.

5월 31일 IAEA 사무총장 한스 브릭스는 북한은 지속적인 안전조치협정 위반으로 더 이상 협정의 당사국이 아니라고 발표했습니다. 북한의 전략에 계속 끌려 다니다가 약이 바짝 오른 것입니다.

6월 2일 유엔 사무총장은 북한이 핵무기 개발을 할 수 있는 플루토늄 생산 여부를 확인 할 수 없다는 IAEA 사찰단의 서신을 수령했습니다.

6월 3일 북한 외교부 부부장 강석주는 대ー북한 경제제재 채택 시 선전포고로 간주한다고 발표했습니다.

6월 4일 미국, 일본, 한국 대표들은 유엔 안보리의 대ー북한 경제제재조치를 촉구하는 공동성명을 채택하였습니다.

6월 5일 북한 노동신문은 미국이 제3차 북ー미 고위급회담 재개를 이행하지 않을 경우 NPT에서 탈퇴할 수 있음을 보도했습니다. 이처럼 북한이 북ー미 고위급회담 재개에 조급하게 매달린 것은 그만큼 북한의 상황이 절망적이기 때문이었습니다.

이미 1989년부터 인민경제가 마비되기 시작하였고, 2년 전 1992년에는 핵개발까지 더 이상 회생 불가능할 정도로 몰락했습니다. 미국의 경제봉쇄에 몰려 더 이상 버틸 수 없는 한계에까지 이른 것입니다. 그래서 온갖 협박을 동원하여 미국과의 고위급회담에 사활을 걸었습니다.

6월 7일 주IAEA 북한대사 윤호진은 북한이 의혹을 받고 있는 영변 핵단지의 원자로 두 곳에 대한 핵 사찰을 허용하지 않을 것이라고 발표했습니다.

6월 8일 북한 외무장관 김영남은 미국이 제3차 고위급회담에 합의

할 경우, IAEA 사찰단의 사찰과 사용후핵연료 보존을 보장 할 것이라고 입장을 밝혔습니다.

하루 전 주IAEA 북한대사 윤호진의 강경입장과 달리 유화책을 제시한 것입니다. 하지만 미국은 제3차 북－미 고위급회담을 재개할 의사가 없음을 표명했습니다.

이어 IAEA 관계자는 북한이 6월 10일까지 5MWe 원자로의 모든 핵연료를 생산할 것이라고 발표했습니다. 또 북한이 핵연료봉 협박을 하고 나선 것입니다.

6월 9일 IAEA 대변인은 북한이 5MWe원자로의 연료봉 8000개중 6500개를 인출했다고 발표했습니다. 이처럼 긴박한 줄다리기가 계속되는 가운데, 지미 카터 미국 전 대통령은 서울과 평양에 가서 지도자들을 직접 만나 논의하겠다고 발표했습니다.

6월 10일 IAEA 이사회는 대－북한 제재결의를 채택하며 의료분야를 제외한 대－북한 기술협력을 중단한다고 발표했습니다. 사실 그 제재는 이미 코너에 몰린 북한에 큰 의미가 없었습니다.

6월 13일 북한은 IAEA 공식 탈퇴를 선언하며 강경자세를 취했습니다.

6월 15일부터 6월18일 카터 전 미국대통령은 방북하여 김일성주석과 면담하였습니다. 그때 김일성주석은 카터 전 대통령과 오찬을 함께한 자리에서 말했습니다.

"대통령 각하, 저를 위해 식사기도를 해 주십시오."

카터 전 대통령은 큰 감동을 받았습니다. 이어 김일성은 그에게 간곡히 부탁했습니다.

"김영삼 만이 이 문제를 해결할 수 있습니다. 제발 김영삼을 만나게 해 주시오."

이는 곧 남한과 손잡겠다는 김일성의 의지였습니다.

6월 16일 클린턴 대통령은 북미 고위급회담 재개 가능성을 시사했습니다.

6월 17일 카터 전 대통령은 영상메세지로 김일성주석에게 "유엔 제재조치가 중단되었다"고 전달했습니다.

6월 18일 북한은 핵개발 동결 및 완전한 핵 투명성을 보장할 용의가 있음을 밝히며 남북정상회담을 제의했습니다. 그에 김영삼 대통령은 남북정상회담 제의를 수락했습니다.

6월 20일 클린턴 행정부는 북한이 핵개발을 모두 동결하고 IAEA에 안전조치의 지속을 보증할 경우에, 미국은 북-미 고위급회담을 재개하고 경제제재를 중단할 것이라는 서신을 북한에 전달했습니다. 5MWe 원자로 폐연료봉을 처리하기 위한 미국 기술진이 북한에 도착하여 폐연료봉 8천여 개를 확인했습니다.

6월 22일 클린턴 대통령은 북한이 핵개발 동결과 북미 양자회담에 복귀하기로 결정했다고 발표했습니다.

6월 23일 북한은 NPT 준수와 안전조치협정 준수를 약속하며 핵사찰을 수락했습니다.

6월 24일 북-미간 실무접촉 및 고위급회담을 거쳐 제네바 기본합의문이 체결 되었습니다.

북미 제네바회담 합의문의 기본내용은 북한의 핵개발을 동결시키는 대가로 매년 200만㎾ 전기를 생산할 수 있는 경수로 2기를 건설해

주고, 완공 때까지 매년 중유 50만t을 공급해주는 것입니다.

7월 1일 남북한 외교관들이 접촉해 남북한 정상회담을 7월 25일~7월 27일 평양에서 개최하기로 결정했습니다.

7월 7일 미국, 일본, 러시아, 한국은 북한에 경수로를 보급하는 것에 대해 논의하였습니다.

7월 8일 김일성 주석이 사망하였습니다.

김일성주석이 사망한 와중에도 제네바에서는 제3단계 1차 북미회담이 진행되었습니다.

7월 15일 미 상원은 1995년 해외원조법안 수정안을 가결하여 북한이 핵개발을 하지 않는다면 원조가 가능하게 하였습니다.

7월 20일 북-미 외교관들이 뉴욕에서 접촉하고, 8월 5일 제3차 북-미 고위급회담 재개에 대해 합의했습니다.

7월 27일 탈북자 강명도씨는 북한이 5개의 핵무기를 가지고 있으며 추가적으로 5개를 더 개발할 계획이라고 주장했습니다.

7월 29일 IAEA는 북한 핵무기 보유 가능성에 대한 탈북자의 증언은 증거가 충분하지 못하다고 발표했습니다.

8월 5일부터 8월 12일 제네바에서 제3단계 2차 북미회담이 진행되었습니다.

8월 10일 북-미 대표는 북한의 핵개발과 관련한 논쟁을 해결하기 위해 논의했으나 합의점을 도출하는 데는 실패했습니다.

8월 13일 제3단계 2차 북미회담 결과에 관한 공동성명이 발표되었습니다.

8월 15일 김영삼 대통령은 8·15 경축사에서 북한이 핵 투명성을 보장하면 경수로 지원 용의가 있다고 천명했습니다.

당시 경수로 지원은 매우 잘못된 선택이자 치명적인 실수였습니다.

그 잘못된 선택으로 남한은 북한 신포 지구에서 10년 동안 허송세월을 보내고, 450억 원 어치의 장비를 버려둔 채 철수해야 하였습니다. 뿐만 아니라 남북협력기금 경수로 계정의 부채 11억3700만 달러를 북한에 제공하였습니다.

경수로를 지원할 대신 북한의 핵에너지 개발을 남북이 합작하고, 거기서 생산된 핵연료봉 전량을 남한의 원자로에 가져와 소비하며 북한에 전기를 공급해주고, 또 남한에서 전력생산을 위해 소비되는 핵연료봉을 북한에서 수입하는 시스템을 마련했더라면 북한의 핵문제는 가장 빠르고 완벽하게 해결할 수 있었습니다. 이는 돈과 시간이 전혀 들지 않는 완벽한 모범 답안이었습니다.

평산 우라늄생산 공장에 타이어와 휘발유, 디젤유만 보장해 주면 주저앉았던 트럭들이 다시 우라늄광석을 운반할 수 있고, 스텐을 보장해 주면 망가진 우라늄생산 시설들을 복구할 수 있고, 탄산소다와 항공석유를 보장해 주면 우라늄을 생산할 수 있고, 그 우라늄으로 생산된 핵연료봉 전량을 남한의 원자로에 가져와 소비하면 될 일이기 때문입니다.

하지만 애석하게도 당시 보수정권의 지능은 매우 낮은 수준이어서 절호의 기회를 놓치고 말았습니다. 그 시간 저는 정보기관의 작은 방에 갇혀 있었는데, 창문에는 철창이 쳐 있고 방안에는 24시간 감시 카메라가 작동하고 있었으며, 문 밖에는 24시간 지키는 무장보초가 있었습니다. 그렇게 저는 아무 것도 할 수 없었습니다.

8월 16일 남한은 북한의 흑연감속 원자로 대체를 위한 경수로 공사에 국제적 컨소시엄을 제의했습니다.

8월 18일 백악관 관계자는 클린턴 대통령이 북한 내 경수로 기술 제공 전에 북한의 핵시설 두 곳에 대한 공개를 요구한다고 발표했습니다.

8월 20일 북한은 미국의 요구에 대한 거부의사를 표명했습니다.

9월 5일 북한당국은 북한 내에 머무르는 IAEA 조사관에게 미국과의 관계 개선으로 IAEA 핵사찰을 수락할 것이라고 전달했습니다.

9월 10일 베를린과 평양에서 북－미 동시회담이 열렸는바, 베를린에서는 흑연감속 원자로 대체가 논의되고, 평양에서는 양국 통신 사절단과 관련하여 논의하였습니다.

9월 12일 IAEA 사무총장 한스 브릭스는 북한이 핵시설에 대한 사찰을 수락하는 의사를 표시했다고 발표했습니다.

9월 13일 IAEA는 영변 핵단지 재처리 시설에 대한 사찰 결과 1993년 2월 이후 플루토늄이 생산되었다는 증거자료가 밝혀지지 않았다고 보고했습니다.

한편 북－미 베를린 회담에서 흑연감속 원자로를 대체하기 위한 경수로가 합의되었습니다.

9월 16일 미국은 대체 원자로의 비용을 부담하는 한국, 일본 등의 국가들에게 경수로 공급국을 정하는 권리를 부여해야 한다고 주장했습니다.

9월 22일 한국은 경수로 건설을 위한 국제 컨소시엄 참여를 수락했습니다.

9월 23일부터 10월 17일 제네바에서 제3단계 2차 북미회담이 있었습니다.

9월 24일 북한은 IAEA가 핵폐기물 부지라고 주장하는 두 시설에 대한 사찰을 현재로서는 허용하지 않는다고 발표했습니다. 협상을 통해 원하는 것을 얻기 전까지 마지막 카드로 남겨두기 위해서였습니다.

9월 26일 북－미 고위급 회담(제네바)에서 미국은 북한이 경수로 제안을 받아들이지 않으면 회담은 결렬될 것이라고 경고했습니다.

9월 29일 미국은 북한과의 대화가 잠정적으로 중단될 것이라고 발표했습니다.

10월 7일 김영삼 대통령은 미국의 대북정책이 "미완적이고 지나치게 유치하다"고 비판했습니다.

10월 12일 미국은 남한에 북핵 사태 해결을 위한 절충안을 전달했는데 한국이 요구하는 두 개의 조건이 누락되었습니다. 그 첫 번째 조건은 경수로 기술이 제공되기 전 북한의 핵폐기물 부지 두 곳에 대한 사찰 시행이며, 두 번째 조건은 경수로 공급은 한국이 해야 한다는 것이었습니다.

당시 남한의 보수정권은 북－미 제네바 기본합의에 강한 불만을 갖고 있었습니다. 북미 간의 어떤 합의에도 남북대화 진전을 조건으로 연계시키도록 미국 측에 계속 요구했는데, 북미관계의 개선이 남북관계의 진전과 관계없이 이뤄진다는 것이었습니다. 그래서 김영삼 대통령은 뉴욕타임스와의 인터뷰에서 북－미 합의에 대한 불만을 강하게 털어놓기도 했습니다. 그와 같은 행태는 북미관계 발전을 가로막는 데 목적이 있는 것으로 보였기 때문에, 북미 회담의 미국 대표단에게는 매우 짜증나는 모습이었습니다.

당시 남한 정부가 김일성주석이 사망했을 때 조문을 가서 김정일위원장과 만나서 담판을 지었더라면 북한의 핵문제를 주도할 수 있었는데, 스스로는 북한과의 관계발전에 전혀 노력하지 않고 미국에만 투정을 부리고 있었던 것이었습니다.

10월 17일 북미 제네바합의 문안이 타결되었습니다.

10월 20일 클린턴 대통령은 북한에 경수로 건설을 보장하는 서한을 송부했습니다.

10월 21일 북미 제네바합의에 서명하였습니다. 한편 한−미 합동군사훈련 중단을 선언하였습니다.

10월 26일 IAEA 사무총장 한스 브릭스는 제네바합의가 북한의 IAEA 원칙 이행을 대신할 수 있는 합의가 아니라고 주장했습니다.

위에서 본 바와 같이 북한은 핵연료봉으로 미국을 비롯한 국제사회를 계속 압박했습니다. 그리고 미국과 고위급회담을 하자고 집요하게 압박했습니다. 그렇게 압박하지 않으면 미국이 만나주지 않을 것 같아서였습니다. 사실 그것은 압박이 아니라 북한식의 애걸이었습니다. 그때 미국은 북한의 핵연료봉 협박을 그냥 무시하면 될 일이었습니다.

이미 2년 전에 우라늄생산이 중단되면서 핵연료봉 생산까지 멈추었기 때문에, 원자로를 가동할 수 있는 핵연료봉 재고량도 얼마 남지 않은 상황이었습니다. 즉, 총알이 얼마 남지 않고 다 떨어져가고 있는 상황이었던 것입니다. 그대로 내버려두면 핵발전소도 스스로 가동을 멈출 수밖에 없었습니다.

그리고 방사화학실험실에서 자체 생산한 붉은 수은의 질이 불량하여 플루토늄을 제대로 생산할 수도 없었습니다. 설사 플루토늄을 생산한다 해도 정밀기술이 낙후하여 핵폭탄을 제조할 능력도 없었습니다. 또 경제지원을 조건으로 그 플루토늄을 회수해도 될 일이었습니다. 하지만 미국은 북한의 핵개발이 5MWe 원자로 하나만 남겨 놓고 이미 2년 전에 대부분 동결되었다는 사실을 모르고 있었으므로 북한의 전략에 말려들 수밖에 없었습니다.

그해 5월 9일 기자회견에서 제가 진실을 밝혔더라면 북한은 더 이상 핵연료봉 협박을 할 수 없었을 것이고, 또 협박을 한다 하더라도 미국이 거기에 말려들지 않았을 것입니다. 그래서 북한의 핵개발을 동결시킨다는 조건으로 경수로를 지원하는 일은 없었을 것입니다.

사실 북한은 1987년부터 함경남도 신포에 핵발전소 건설을 추진하고 있었습니다. 그 핵발전소의 명칭은 '동해발전소'로 불렸습니다.

당시 원자력위원회가 원자력공업부로 개편되고, 영변 핵단지는 원자력 공업부에서 독립하여 중앙당 직속으로 들어가며 5기계공업총국으로 명칭이 바뀌고, 영변 핵단지에서 근무하던 기능공들을 두 곳으로 파견하였습니다. 그중 한 곳은 평산 지구에 대규모로 건설되는 우라늄 생산 공장이었고, 다른 한곳은 신포 핵발전소였습니다.

1992년 조선 제6설비 수출입회사 이권대 수출입과장은, 1억 달러에 해당하는 핵발전소 설비를 러시아에서 수입하려고 하다가 외화를 마련할 수가 없어서 그만 두었습니다. 그 후 신포 핵발전소 건설도 중단되고 말았습니다. 미국의 경제봉쇄로 핵개발이 전반적으로 모두 동결되면서 신포 동해발전소 건설도 전면 중단된 것입니다.

당시 제네바회담에서 북한의 핵개발을 동결시키는 조건으로 신포에 경수로를 지어주면서 많은 경제적 지원을 해주기로 한 것은 매우 지능이 낮은 결정이었습니다. 상대를 알아야 이길 수 있는데, 상대를 알지 못하니 그처럼 지능이 낮은 선택을 할 수 밖에 없었던 것입니다.

존경하는 국민 여러분.

제가 남한으로 올 때 함께 온 탈북자 황광철씨 형제와, 여만철씨 가족이 있습니다. 북경주재 한국대사관에서 출발하는 날짜를 며칠 미루면 그들까지 데리고 남한에 갈 수 있다고 하기에, 제가 꼭 그들을 데리고 가자고 요구했었습니다. 그 후 여만철씨 가족은 남한에 오자마자 기자회견을 했고, 황광철씨 형제는 나와 함께 기자회견을 하였습니다.

제가 남한에 오게 된 과정을 정확히 밝혀야할 것 같아서 말씀드리는 바입니다.

존경하는 국민 여러분.

저의 할아버지는 중국 왕청에서 반일 지하조직 책임자를 하며, 일본군에게 포위되어 산속에 갇혀 있던 김일성을 도운 적이 있습니다. 아지트로 숯구이 막을 이용하셨는데 김일성의 부인인 김정숙이 여대원들과 함께 와서 쌀과 말린 된장 등의 식량을 가져갔다고 합니다.

그때마다 할머니는 김정숙의 머리에서 서캐를 뽑아주시고, 김정숙은 할머니의 무릎을 베고 누워 혁명가요를 불러 주었다고 합니다. 할아버지는 함경북도 회령 태생이어서 같은 고향인 김정숙은 할아버지를 아저씨라 부르며 많이 의지하고 따랐다고 합니다.

그렇게 할아버지는 사경에 처한 김일성을 구해 주었는데 김일성은 그 은인의 손자에게 체포령을 내렸습니다. 북한당국은 김일성주석의 명의로 된 체포령을 중국정부에 의뢰하였고, 중국정부는 동북 3성에 저에 대한 수배를 내렸던 것입니다. 그때 저를 도와준 사람들이 있었는데 그들 모두가 큰 피해를 보았습니다.

북경주재 한국대사관까지 저를 안내한 방호길(외삼촌)은, 연길에 돌아가자마자 중국공안에 체포되어 감방에 갇혔습니다. 그리고 저의 위치를 대라며, 밥을 굶기고 물 한 모금 주지 않으며 고문했습니다. 하지만 외삼촌은 끝까지 입을 열지 않았습니다.

조카가 무사히 한국으로 가서 북한의 핵개발이 이미 2년 전에 대부분 동결되었고, 더 이상 핵개발을 할 수 없을 정도로 완전히 몰락했다는 사실을 국제사회에 알려야 한다고 생각했기 때문이었습니다.

또한 연길에서 저를 도왔던 동명숙은 북한 요원들에게 납치되어 갈비뼈가 여러 대 부러지도록 고문을 당했습니다. 그 후 그녀는 심장병을 얻어 많이 고생하기도 했습니다.

김정일위원장은 저와 관계가 있는 사람들을 색출하여 엄중히 처벌하라고 지시하여 북한에서도 피해를 본 사람들이 적지 않습니다. 그 중엔 정치범수용소에 끌려간 사람도 있습니다.

저는 그렇게 많은 사람들이 치른 희생의 대가로 대한민국에 왔지만 끝내 뜻을 이루지 못했습니다. 그래서 더욱 가슴이 아픕니다.

북한당국에서 탈북자에게 김일성주석의 명의로 된 체포령을 중국정부에 의뢰한 것은 저 한사람뿐입니다. 미국과 협상 중에 있던 북한이 절대 노출시킬 수 없는 정보를 제가 갖고 있었기 때문이었습니다.

그 정보가 국제사회에 밝혀지는 순간, 북한은 핵개발을 동결시킨다는 대가로 미국을 비롯한 국제사회로부터 많은 지원을 뜯어낼 수 없기 때문이었습니다.

그런데 그런 정보를 가진 제가 대한민국으로 넘어갔습니다. 즉, 미국과 협상 중에 있던 북한이 가장 감추고 싶었던 정보가 대한민국으로 넘어간 것입니다. 그런데 서울에서는 조용했습니다. 제가 대한민국에 갔으면 분명 북한의 핵개발이 이미 2년 전에 대부분 동결되었다고, 미국의 대북 경제봉쇄 조치가 드디어 성공했다고 떠들썩해야 했는데 서울에서는 아무 일 없는 듯이 조용했던 것입니다.

그때 미국과 협상 중에 있던 북한으로선 얼마나 초조했겠습니까? 그 사실이 밝혀지는 순간 최후의 협상카드가 사라져버리는데 말입니다.

그 상황에서 한국 보수정권에 의해 조작된 기자회견이 있었는데 북한이 가장 불안해하며 초조해 하는 사실들이 단 한마디도 밝혀지지 않았습니다. 북한에서 1만 명 이상의 간첩군단을 내려 보내도 할 수 없는 그 일을 남한의 보수정권이 아주 훌륭히 해낸 것입니다.

당시 한국 보수정부가 조작된 기자회견을 강행하면서까지 저의 입을 철저히 막아준 덕분에 북한은 미국에 대한 협상력을 높일 수 있었고, 성공적인 제네바회담의 결과를 얻을 수 있었습니다. 그리고 그 성과로 4차 핵실험에 이르기까지 하였습니다.

반면에 당시 보수정권의 방해책동으로 인해 뜻을 이루지 못한 저는 그 아쉬움과 한을 품고 22년 세월을 처절한 몸부림으로 살아왔습니다. 북한에서 핵실험을 했다는 소식을 들을 때마다 가슴을 치며 통탄했습니다.

"그때 그 기자회견에서 진실을 밝힐 수만 있었어도 북한의 핵개발은 이미 평화적으로 해결되었을 텐데!"

존경하는 국민 여러분.

북한에서 핵실험을 할 때마다 한반도가 진동하며 몸부림칠 때, 저도 가슴을 치며 몸부림쳤습니다. 기자회견에서 진실을 밝힐 수만 있었어도 이 한반도가 핵폭발에 몸부림치는 일은 없었을 텐데 말입니다. 이처럼 우리 한반도를 망가뜨린 보수정권이 너무 야속합니다.

분명 22년 전 북한은 더 이상 핵개발을 할 수 없을 정도로 완전히 파괴되고 몰락했었습니다. 정밀기술이 낙후하여 핵실험을 할 수도 없었습니다. 자체 생산한 붉은 수은의 질이 불량하여 플루토늄 생산도 제대로 할 수 없었습니다.

하지만 22년이 지난 지금의 북한은 몰락했던 핵개발을 재건하여 4차 핵실험을 하기에 이르고, 대륙탄도미사일 개발에도 성공했습니다.

북한은 1994년 10월 북미 제네바회담을 통해 얻은 기회를 통해 핵무기 개발에 성공하고 대륙간탄도 개발에도 성공한 것입니다.

1994년 5월 9일 기자회견에서 제가 진실을 밝힐 수 있었더라면 한반도에서 핵실험은 일어나지 않았을 것입니다. 우리국민들은 핵 위협이 없는 안전한 나라에서 마음 편히 살 수 있었을 것입니다. 그런데 조작된 기자회견이 모든 것을 망쳐 놓았습니다.

저는 지금도 22년 전에 이루지 못한 것들에 대한 그 아쉬움과 한을 안고 살아갑니다.

22년 전 그들은 내 인생만 테러한 것이 아니라, 한반도 한민족의 안보를 테러한 것입니다. 정말 그때 북한의 핵개발을 완전히 끝낼 수 있었는데 말입니다. 이제라도 할 수만 있다면 22년 전에 멈춰선 내 인생의 시계를 다시 돌리고 싶습니다.

22년이라는 세월이 흘렀어도 역사는 정직해야 하고, 우리 국민들은 그 역사를 알고 있어야 합니다. 전에 김영삼 전 대통령이 역사바로세우기를 했던 것처럼, 22년 전의 일이라 해도 역사는 바로 세워져야 하는 것입니다. 그래야 우리 국민들이 거기서 교훈을 찾고, 두 번 다시 뼈아픈 과거를 되풀이 하지 않을 수 있기 때문입니다.

그 사명감을 가지고 본 소송을 하게 되었습니다.

최근 대한민국 국회는 북한 인권법을 채택하며, 통일 후 북한주민들의 인권을 말살한 장본인 처벌에 관한 법을 제정하였습니다. 그럼 남한에서 유린당한 내 인권은 누구한테 보상받아야 합니까? 법은 스스로가 지켜 모범이 될 때, 상대에게도 떳떳이 요구할 수 있을 것입니다. 하오니 저의 인권을 말살한 장본인들도 마땅한 처벌을 받아야 할 것입니다.

저의 피해는 제 개인만의 피해가 아니라, 대한민국 국민들의 피해이며, 한민족의 피해이며, 한반도의 피해이며, 전 세계 평화의 피해입니다. 즉, 이 땅의 평화를 사랑하는 모든 이들의 피해입니다. 피해보상을 받아야 함이 마땅하지 않겠습니까!

그리고 사과도 반드시 받아야 할 것입니다!

존경하는 국민 여러분.

보수정권만 아니었어도 우리는 핵이 없는 한반도에서 이미 통일을 이루어 GNP 5만 달러 시대에서 행복하게 잘살 수 있었습니다. 하지만 보수정권이 모든 걸 망쳐 놓았습니다. 한반도를 망쳐 놓았고 이 땅에서 살아가는 우리의 미래를 망쳐 놓았습니다.

그리고도 저들은 햇볕정책이 북한의 핵개발을 도왔다고 거짓말을 합니다. 한반도에 핵 폭풍을 몰고 온 저들의 원죄를 김대중 전 대통령과 노무현 전 대통령에게 뒤집어씌우고, 저들은 안보의 수호자로 의인 행세를 하는 것입니다.

남의 죄를 뒤집어쓰고 지속적인 피해를 당하면서도 속수무책으로 가만히 있는 자는 착한 것이 아니라 이 세상에서 가장 멍청한 사람일 것입니다. 그리고 자기 죄를 남에게 뒤집어씌우고 계속 피해를 주면서도 의인으로 행세하는 것은 현명하고 똑똑한 것이 아니라 이 세상에서 가장 파렴치한 행위일 것입니다.

존경하는 국민들께서 부디 현명한 판결로 이 잘못된 역사를 바로 잡아 주시길 바랍니다.

북한을 핵무장 시키고, 북한을 이용하여 우리국민을 끊임없이 협박하고 못살게 구는 보수정권은 사과하라!

원고: 김대호
피고: 북한을 핵무장 시킨 보수정권

벌거벗은 시인으로
통일을 노래하다

불가항력의 절벽에 부딪쳐 좌절할 수밖에 없었던 허탈함으로 인한 극심한 스트레스로 저는 몸도 마음도 망가져 갔습니다. 때 없이 코에서 피가 쏟아지더니 나중에는 악취가 나는 고름이 흘러내렸습니다. 허리통증 때문에 얼마 걷지도 못하고 주저앉곤 했습니다. 밤마다 공황장애에 시달리기도 했습니다. 물을 마셔도 얹혀서 밥조차 먹을 수가 없었습니다.

그 고통 속에 3년 동안 밥을 먹지 않고, 익히지 않은 강냉이를 씹으며 스스로에게 고통을 강요하기도 했습니다. 또 금식기도로 속죄하는 날들을 보냈습니다.

그 시기 경기도 포천군 직동리 산골에 들어가 세상과 담을 쌓고 은둔했습니다. 겨울에는 수도가 얼어서 세수도 할 수 없는 날들이었습니다. 지독한 고독 속에 점점 야위어가면서, 아침에 담요를 갖고 나가 털면 밤새 몸에서 부서진 비듬이 하얀 눈처럼 날렸습니다.

주일에는 서울 강남에 있는 교회로 가기 위해 버스를 타고 의정부에 나와서 지하철을 타면 곁에 앉았던 아가씨가 제 모습을 보고 얼른 일어나 다른 자리로 옮기기도 했습니다. 수염이 덮인 앙상한 모습에 놀란 듯이 말입니다.

그 처절한 날들에 천 편의 시를 지으며 고독을 달랬습니다.

제비 인생

나의 옛 집엔
처마 밑에 동거 살이 하던
제비가 있었나니

추풍에 낙엽이 질 때면
어디론가 날아가 버리던
유년 시절의 친구

그래서 눈물이 글썽하여
엄마께 물으면
다정히 말씀 하셨지

"겨울이 다가오니
강남으로 피난 갔단다.
너무 걱정마라
봄이 되면 또 올 텐데."

오늘은 내가 떠나 왔다
삶에 닥쳐 온 엄동설한을 피해
그 보금자리 버리고 왔나니

하지만 나도야

그 땅에 봄이 오면 찾아 가리
이 몸을 불태워서라도
통일의 봄바람을 일구어
휘몰아쳐 가리라

구름

비가 내려
마음이 울적해 질 때면
무겁게 드리운 검은 구름을
갈기 갈기 찢어 버리고
푸른 하늘을 활짝 열고 싶더니

깊은 밤 외로운 달빛에
내 신세 쓸쓸해지니
한 장의 구름으로
저 하늘을 가리고 싶다

임 잃고 혼자된 마음
구름처럼 변덕스러운데
저기 교회의 창 너머로 들려오는
찬송가 소리에
내 설움을 달래어 본다.

달과 그대 그리고 나

인생이 한창
꽃망울을 터치며

향기롭던 시절

그대와 나 뒹굴 적에
둥근달이 내려다보았지

그 밤에 달과 그대
그리고 나
그렇게 우리 셋은
정말 행복 했었는데

지금은 나 혼자되어
둥근달을 쳐다보니
지나간 옛 추억에 겨워
외로운 내 신세 한스럽다

그대도 어디선가
저 달을 보며
가끔은 생각하겠지

우리 함께 손잡고 거닐던
해변의 백사장

어느 가을날
달빛 아래 모닥불을 피워 놓고
긴 밤을 태우던
그 수많은 이야기들을

달아 달아 전해다오
그녀 잠 못 드는
창가에 비쳐들어
이 내 마음 전해 주렴

부디 기다려 달라고

내 아직 그대를 잊지 못해
고집하는 것은
옛 추억이 소중해서 보다
꼭 갚아야 할
빚이 있기 때문이거늘

내 천군의 용사가 되어
돌아가는 날
영원한 사랑과 생명의 복음으로
모든 걸 다 갚겠노라고
이 소망 전해 다오

아
달과 그대
그리고 나

나 이젠 어찌 하나요(가사)

나 이젠 어찌 하나요
다시 만날 거라고 믿었던
그대가 있었기에
이 고독의 슬픔도 견딜만 했는데

나 이젠 어찌 하나요
그대 없는 세월에
이제는 미련도 없잖아요
왜 그렇게 갔나요
야속한 님이여

사랑이 떠난 세상에
비 내리고 우뢰만 치는데
너무도 괴로워요
홀로 남은 마음도
울고만 싶어요

나 이젠 어찌 하나요
잊으면 그만일 텐데
청춘을 다 바친
사랑 때문에 울고 있잖아요

나 이젠 어찌 하나요
다시 만날 거라고 믿었던
그대가 있었기에
이 고독의 슬픔도 견딜만 했는데

슬픈 새

밤이 되면
나는 새가 되어
먼 여행을 떠난다

저 하늘 어딘가에
슬픈 별이 되어 울고 있을
그대의 영혼을 찾아
끝없이 방황한다

진정
사랑 했었다는 고백으로

그대의 멍든 영혼을
위로하기 위해……

그러다 지치면
구름 속에 잠시 날개를 접고
그대와 함께 한 날들의
추억을 떠올리며 눈을 감는다

이 밤도
어느 구름 속에 깃들었는데
시퍼런 섬광이
내 영혼을 사정없이 찢어
팽개치며 징벌한다

그리고 나는
설움의 바다에 빠져
짜디 짠 눈물을 삼키며
아침을 기다린다

그대와 함께 맞이할
그 아침을

부모님의 환갑 날 (가사)

아버님 어머님 죄송합니다
오늘은 아버님의 환갑날인데
불효자는 타향에서 눈물만 흘립니다

아버님 어머님 용서하세요
오늘은 어머님의 환갑날인데

고향산천 그려보며 눈물만 흘립니다

아버님 어머님 오래사세요
이 아들 기다리시며 장수하세요
불효자는 타향에서 큰절을 드립니다

부모님 지극한 사랑으로 날 키우셨는데
불효한 이 가슴엔 피눈물 흐릅니다

죽음 1

죽음이란 말은
내가 어려서 부터
가장 두려워 한 공포의 단어입니다
당신을 떠나 오기전 까지만 해도 그랬습니다

그런데 지금은 그 죽음이
가장 달콤한 말로 유혹합니다
이 고독에서 해방시켜 주겠다고 말입니다
이 모든 고통도 잊게 해 주겠다고 합니다

그리고 내 삶을 간신히 지탱해 주던
마지막 미련마저 무너지자 결심합니다
"그래 차라리 죽어 버려야지."

죽음이란 결심이
이렇게 쉬운 것인 줄
예전엔 미처 몰랐습니다

아마도 지금의 고독이

죽음 보다 더 두렵고
사랑이 없는 내 삶 또한
죽음 보다 더 슬픈가 봅니다

죽음 2

이 세상은 아마 잘못 찾아 온
곳인가 봅니다

그래서 이제라도 되돌아가
더 나은 세상을
찾아볼까 합니다

죽음 3

이 세상을 떠나자니
남길 것도 없네

부모처자 형제도
재물도 명예도 모두 버린 신세
정말 아무 것도 남길 것이 없네

그래도 죄 많은 삶이
용서는 구하고 가야겠으니
유서는 남겨야겠지

죽음 4

죄 많고 고독에 지친 이 몸을
속죄의 제물로 바치고
영혼만이라도 편하게 할까 합니다

그런데 운명의 신은
고단한 삶도 인생의 과제라며
아직 할 일이
많이 남았다고 꾸짖습니다

거짓말쟁이들

오늘도
창 밖에 찾아 온 까치는
밤새 그리던 님이
곧 올 거라고
거짓말하며 우짖는데
천정에 매달려
그네 타던 거미는
그래도 믿고
희망을 가지라 합니다

창밖에 1

창밖에 비가 내립니다
이어 누군가를 꾸짖는 듯한
천둥소리에 창문이 바르르 떠는데
불효한 죄책감으로 감히

부모님을 불러 보는
내 가슴엔
속죄의 피 눈물이 흐릅니다.

창밖에 2

창밖에 낙엽이 날립니다
하루 하루
똑같은 지루함 속에
삶은 지겹기만 하더니
창밖의 날들은
슬픈 영화의 화면처럼
빨리도 지나갑니다

그리고
그 화면 속에 슬피 우는
아내의 모습은
오랜 기다림에 지쳐
너무도 가엽습니다.

창밖에 3

어느덧 겨울입니다

하얀 눈이 내리는 창 밖에
크리스마스 축제를 앞두고
아이들은
산타할아버지의 모자를 쓴
눈사람에게

콧수염을 붙이며 즐거워하는데
사랑하는 딸애들을
저 동토의 땅에 두고 온
이 아비의 마음은 너무도 슬픔니다

창밖에 4

꽃피는 계절이 왔습니다
창밖에 봄소식을 알리느라 분주한
제비의 모습을 보니
어릴 적에 동생들과 함께
진달래 꺾으려 오르던
그 산이 더욱 그립습니다

창밖에 5

창밖에 별이 떴습니다
그런데도 내가 보는 세상은
하얗기만 합니다

다만 지난 날 들에
내 삶의 수채화가
그려 놓았던 추억들만이
여전히 빛바래지 않고
진하게 아름다울 뿐입니다

그리고 그 추억 속에
이 밤도 하얗게 지새울 내 모습이
왠지 처량하기만 합니다

창밖에 6

창밖에 햇빛이 찬란합니다
하지만 내 마음엔
아직도 어둠이 짙습니다
사랑하는 그대와 재회하는 날
함께 맞는 아침이라면
비로소 이 어둠도
가실 수 있을 텐데
진정 그날이 그립습니다

창밖에 7

인생에 소중한
모든 것을 다 버린 죄인이 되어
이렇듯 고독의 독감방에 갇혀
창밖에 스쳐 가는 세월만 바라보니
그리움은 한이 되고
삶이 허무하기만 합니다

그래서 이젠
창밖의 세상에 나가
무엇이든 해야겠습니다

이 나라의 평화와 통일을 위해
이 봄엔 나도
분단의 얼음을 녹이는
봄이 되고 싶습니다

하얀 하늘

내 마음 은하수에 흠뻑 적시면서
끝없이 떠가는 곳 사랑의 행성
날 그리는 님의 맘은
어느 별에 사무쳤나
그 별님 어데 있나
나의 별 나의 별은
그리워라 그대의 노래여
그리워라 그날의 추억이여
오늘 밤도
나의 하늘은 하얗구나.

두 눈을 꼭 감으면 다른 하늘이 있지
추억을 먹고 사는 별들이 있네
그 별들은 밤이 오면
굶주림에 허덕이며 애타게 부르짖네
사랑의 추억들을
그리워라 그대의 노래여
그리워라 그날의 추억이여
오늘 밤도 나의 하늘은 하얗구나.

남대문 시장에서

싸구려 소리에 이끌려
남대문 시장에 들어서니
끝없이 펼쳐진 상품의 바다에
눈 뿌리 뽑힐 듯 한데

고운 신 사가지고
돌아가겠노라고 약속한
어린 딸아이 생각에
눈물이 앞을 가린다

나 이젠 어찌 하나요 (가사)

나 이젠 어찌 하나요
다시 만날 거라고 믿었던
그대가 있었기에
이 고독의 슬픔도 견딜 만 했는데

나 이젠 어찌 하나요
그대 없는 세월에 이제는
미련도 없잖아요
왜 그렇게 갔나요
야속한 님이여

사랑이 떠난 세상에
비 내리고 우레만 치는데
너무도 괴로워요
홀로 남은 마음은 울고만 싶어요

나 이젠 어찌 하나요
잊으면 그만일 텐데
청춘을 다 바친
사랑 때문에 울고 있잖아요

나 이젠 어찌 하나요
다시 만날 거라고 믿었던

그대가 있었기에
이 고독에 슬픔도 견딜 만 했는데

우물

당신을 떠난 후
펑 뚫린 이 가슴에는
깊은 우물이 생겼습니다

온통 상처투성인 마음에서
피눈물이 가득 넘쳐 나고
고독의 악취를 풍기는 우물

3년 세월
시인의 두레박으로
그 피눈물을 퍼냈지만
우물은 마를 줄 모릅니다

아마 이 생명이
다 할 때까지 퍼내도
끝이 없을 성 싶습니다

오늘도 나는
쉬지 않고 두레박질하며
당신에게 속죄의 시를 바칩니다

고독에 묻혀

고독에 지친 삶이 외로울 때면

때 없이 산에 올라 고함을 치나니
골짜기를 가득 메우며 메아리치는
그 애타는 외침이
아무 나뭇가지에 매달려 몸부림치다가
저기 앞산 바위에 부딪혀 산산이 부서지며
아스라한 허공에 한 점 구름으로 사무칠 때
나는 거기 올라
38선 너머의 당신 모습을 굽어봅니다

소나무

계절에 굴복하지 않고
늘 푸른 소나무 가지 위에
하얀 눈이 포개어 쌓인다.

백조의 날개 짓에
흩날리는 깃털 마냥
하얀 눈송이가 춤추며 내린다.

이 맘 때면
문득 떠오르는 사람의 모습이
하얗게 빛바랜
기억 속에서 미소를 짓는다.

어느덧
하얀 하늘엔
그 아름다운 미소로 가득 찼다.

조용히 내리는 눈송이 마다
그 모습을 머금고

수줍은 미소를 짓는다.

올해도 어김없이 찾아 왔노라며
조용히 속삭인다.

소나무는
푸른 가슴으로
한껏 팔을 벌려
그 눈송이들을 품는다.

들꽃의 눈물

밤새 덮고 자던 안개를
홀 홀 걷어 내고
기지개를 편 청산은
오늘도 아침 햇살에 세수를 하고
아름다운 모습으로 나를 반기는데
새벽이슬을 머금은
한 떨기 들꽃을 보니
문득 가슴이 쓰리도록 서글퍼지는 것은
이 해도 봄맞이 한 제비가
어김없이 찾아 가는
저 북녘의 하늘 아래에서
돌아오지 않는 아빠를 기다리며
밤새 울었을 딸애의 처량한 모습이
이 한 떨기 들꽃에
어려 있기 때문이거늘

나는 손수건을 꺼내
스치는 바람에 조차

의지할 곳 없어 흐느껴 우는
들꽃의 눈물을 닦아 주며 속삭인다

사랑하는 아가야
지금 네가 살고 있는
그 고통의 세월이
설사 지옥일지라도
꼭 살아서 기다려 다오

내 다시 돌아 갈
통일의 날까지

우리 다시 만나는 그날
이 아빠는
너의 눈물을 닦아 주며
비로서 말 하련다

아직은
할 수 없는 그 말

부디 용서해 달라고……

아빠는 그날에 떳떳하기 위해
최선을 다 하련다

내가 사랑하는 사람들이 살고 있는
이 땅의 통일과 평화를 위해

겨레사랑

싱그러운 가을바람도
북쪽에서 불어오면 마음이 아픕니다

그 바람에 굶주린 아이들의 울음이
실려 있기 때문입니다

구름도 38선 넘어
떠 오는 것을 보면 눈물이 납니다

그 구름에
배고파 우는 자식들에게
밥상을 차려주지 못해
눈물짓는 어머니들의
한이 실려 있기 때문입니다

길을 걷다가도 문득
500원짜리 오락을 즐기는
애들을 보면 간절합니다

저 동전 한 잎이면
북녘에서 열 아이의 배고픔은
달랠 수 있을 텐데

지하철 안에서
스쳐가는 사람들의 향수를 맡아도
말하고 싶습니다

그 향기로움이
겨레를 사랑하는 맘에서도

물씬 풍겨달라고

눈을 감으면 보입니다

굶주림에 여위고 여위다 못해
말라비틀어진 그 처량한 모습

그 모습들을 생각하면
잠자리에 누워 눈을 감아도 잠들 수 없고
기름진 식탁에 마주 앉아도
씹히는 밥알은 모래알 같거늘

정녕 우리는
한 핏줄을 이은 겨레이기 때문입니다

지난 봄날에 북으로 날아갔다가
강남으로 다시 돌아오는
제비들이 말합니다

그곳에서는 올해도
빈쭉정이를 거두는
농부들의 한숨뿐이라며
아직도 배고픈 아이들의 울음이
그치질 않았다고
우리들의 도움이
절실히 필요하다 합니다

사막의 나무

뙤약볕에 말라 들어도

야윈 뿌리 적셔 줄
물 한 방울 없고
폭풍이 휘몰아쳐 와도
막아 줄 작은 언덕마저 없이
사막에 홀로 서 있는 나무 한그루

그 설움에 흐느끼면서도
앙상한 가지에 돋은 잎새엔
푸른 꿈이 있어
휘청거리지 아니하고
머언 저켠에 으시대는
숲을 보고도 신세타령 않네

열정에 흘리는 땀과
한서린 피와 눈물에 적시어
사막의 모래도 진토 될제
나도야 억세인 뿌리 되어
무성한 숲을 이루려니
오늘의 힘겨움과 서글픔은
내일에 보람되고 영광되리라

바다

나는 오늘도
시내가 되어 흘러간다

아름다운 계곡을 지나며
행복했던 날들을 뒤로 한 채
세월을 따라 끝없이 흘러간다

때로는 아스라한 절벽에 곤두박질하고
또 어느 바위에 부딪쳐
산산이 부서지며……

그래도 난 흐름을 멈추지 않거니
언젠가는 바다에 가 닿으려는
희망 때문이다

거기엔 모든 것이 있다
믿음과 소망으로
바라는 모든 것이……

다만
지금 필요한 것은
주님의 사랑이다

그 사랑이 있기에
난 오늘도 곤두박질하고
부서지길 거듭 하면서도
용기를 잃지 않고
격랑을 일으키며 도도히 흘러간다

바다로
바다로

거기엔 모든 것이 있다
믿음과 소망
그리고 사랑

제가 세상과 담을 쌓은 채 시를 지으며 좌절에 빠진 삶을 달래고 있
을 때 안기부에서 저를 불러서 돈 봉투를 건네며 위로했습니다. 그래

서 내 마지막 자존심까지 상처주지 말라며 끝까지 사양하니 "왜 우리가 주는 돈은 더러워서 안 받느냐"고 했습니다.

그 은둔생활을 마치고 나와서는 '평화를 사랑하는 사람들'이라는 음악그룹을 만들어 거리에서 콘서트를 하며 평화통일의 소망을 노래하기도 했습니다. 그리고 오두산 통일전망대에서 평화통일을 염원하는 콘서트를 열었습니다.

콘서트에서는 통일을 염원하는 노래들이 불리어지고 시가 낭송되었습니다. 전 세계 양심들에게 탈북난민구원 호소문도 낭독되었습니다.

당시 안기부의 압력으로 일부 후원단체들이 떨어져 나가기도 했지만 평화통일의 열망은 꺾이지 않았습니다. 콘서트를 하루 앞둔 날까지도 안기부는 전화를 걸어 그 콘서트를 막으려고 했습니다. 파주에 홍수가 난지 얼마 안 되었는데, 거기 가서 노래 부르는 건 야만적인 행위라고 하기까지 했습니다. 오두산 통일전망대와 파주는 아무 상관이 없는데도 말입니다. 평화통일을 염원하는 것이 왜 야만적인 행위인지 도무지 납득할 수가 없습니다.

2000년 6월 25일에는 고양시장과 여러 시인들을 초청하여 '평화를 사랑하는 시인의 밤' 행사를 진행했습니다. 전쟁기념일을 평화의 의미로 바꾸어 생각해 보기 위해서였습니다.

2002년 2월 일본에서 가장 전통이 깊은 도꾸마 출판사에서 출판된 『북조선 핵 공장의 비밀』 수기를 통해, 북한의 핵개발이 대부분 동결되기까지의 과정을 낱낱이 밝혔습니다. 그리고 일본국회에서 기자회견을 하고 여러 언론사들과 인터뷰를 하면서 클린턴 행정부의 제네바

회담은 완전실패작이라고 폭로했습니다. 즉, 1994년 이전에 북한의 핵개발은 이미 대부분 동결되었는데, 그 핵개발 동결 대가로 많은 경제적 지원을 약속한 제네바회담은 완전 실패작이었다고 말입니다. 사실 그 책임은 한국정부에 있었지만 차마 그 말은 할 수가 없었습니다.

당시 일본 TV 생방송에 출연하기도 했습니다. 일본 방송국 PD들은 생방송에 앞서 사전에 질문사항을 주곤 했습니다. 그때마다 "저는 무엇을 말해야 할지 고민하길 싫어하니 그냥 즉흥적으로 하자"고 하며 사양했습니다.

이처럼 저는 일본에서 다양한 활동으로, 북한의 핵개발이 1994년 이전에 대부분 동결될 수밖에 없었던 과정에 대하여 상세히 밝혔습니다.

이명박 전 대통령에게 여러 번 편지를 쓰며 청원했었습니다. 북한의 핵개발을 평화적으로 해결할 수 있는 방법이 있다고 간절히 호소했습니다. 하지만 소통할 수가 없었습니다. 당시 이명박 정부는 북한에 대한 강경정책으로 일관하고 있었던 것입니다. 그래서 편지 내용을 가지고 거리에 나갔습니다. 좌절하고 주저앉아 있을 수만 없기 때문이었습니다. 우리 국민들에게라도 직접 호소하고 싶었던 것입니다.

저는 수레를 만들어 거기에 이명박대통령에게 보내는 편지를 붙였습니다. 그리고 수레 안에서 자며 여름, 가을, 겨울, 봄을 지냈습니다.

겨울에 영하 17도까지 내려갈 때면 잠을 잔 침낭 위에 살얼음이 덮이기도 했습니다. 마실 물조차 돌덩이처럼 꽁꽁 얼어 있었습니다. 낮에는 수레 앞에 있는 형틀을 목에 차고 죄인의 모습으로 퍼포먼스를 했습니다. 저녁이면 스피커를 배낭에 지고, 수레의 쇠사슬을 목에 걸고 끌며 한에 맺힌 노래를 불렀습니다. 입은 코트에는 제가 지은 노래 가사와 시들이 빼곡하게 쓰여져 있었습니다.

아빠의 슬픔

아가야 너는 아느냐
낯설은 거리에서 슬픔을 파는 집시가 되어
노래를 부르는 이 소원 너는 알고 있니
아가야 너는 알거라
굶주린 널 그리며 지새운 밤들
꿈속에 슬픈 노래가 되어서
별들도 함께 울었단다
아가야 나의 아가야
사랑하는 아가야
너의 배고픔을 달랠 수만 있다면
한생을 집시로 살아도 나는 행복하리
아빠는 오늘 하루도 낯설은 거리에서
슬픔을 파는 집시가 되어
아가와 만나는 그날을 기도하고 있어.

고독

외로움에 여윈 초생 달
슬피 울던 그 밤에 나도 외로워
가로등 아래 옛 추억 찾아 이 거리를 방황했고
은하수 기슭에 별들이 노닐 때도 울었지
파도소리가 들리는 하얀 백사장에서
나는 혼자되어 거닐었네
그리고 정처없이 떠돌던 별 하나

온몸을 불사르며 떨어질 때
조용히 그대 이름 불렀네
운명의 채찍에 쫓기어 떠나온 사랑 못 잊어
외로움에 여윈 초생 달
슬피 우는 이 밤에 그대 그리워
가로등 아래 옛 추억 찾아 사랑 노래 불러보네.

그렇게 노래를 부르며 비칠거릴 때면 홍대 식당가 아주머니들이 와서 수레를 밀어주기도 했습니다. 대학생들이 와서 수레를 밀어줄 때도 있었습니다.

앞서 말씀드렸지만 22년 전에 북경주재 한국대사가 남한에 가려는 목적이 뭐냐고 물었을 때, 저는 한반도의 평화와 통일을 위해 의미 있는 일을 하고 싶어서라고 했습니다.

남한에 와서 조사를 받을 때도 똑 같은 답변을 하였습니다. 그러자 조사관은 책상을 쾅 내리치며 야단쳤습니다.

"건방진 놈. 야! 똑똑히 말 못해? 여기가 어딘 줄 알아?"

"……"

"너 정말 맞고 싶어? 맞기 싫으면 제대로 대답해!"

그렇게 저의 소망은 첫걸음부터 좌절의 연속이었습니다. 그럼에도 그 소망을 차마 버릴 수가 없어서 미친 듯이 몸부림쳐 왔습니다. 그리고 아래의 시(북한을 기회의 땅으로 만들라)를 수레에 붙이고 매일 낭송하며 외쳤습니다.

겨레여 눈을 크게 뜨라

그리고 귀를 활짝 열라

내 그대에게
참으로 기쁜 소식을
전할 것이 있나니

너무도 오랜 세월
우리를 슬프게 했던
이 땅의 분단은 곧 끝나고
북한은 기회의 땅이 될 것이다

원자재 부족으로 멈춰선
북한의 공장들은
이제 그대의 공장이 되어
그대의 아이템으로 가동할 것이다

북한의 싼 인력시장은
중국의 13억 소비시장을 정복하고
전 세계를 지배할
우리의 동력이 될 것이다

그대는 공장을 짓지 않고도
비싼 임대료나 월세를 내지 않고도
북한의 CEO가 될 것이거늘

그렇게 북한은
우리에게 기회의 땅이 될 것이다

북한의 계획경제와
남한의 시장경제를 합작하고
통일경제를 이루면

북한의 공장들과 싼 인력시장으로
100만개의 사업장을 확보할 수 있나니

남한의 직장인과 가정주부들도
그 합작 기업의 CEO가 되리라

그렇게 북한은
기회의 땅이 되리니

우리는 이 지구상에서 유일무이하게
가장 효율적이고 이상적인
경제 시스템을 만들고
그 통일경제 시스템으로
남한은 3년 내에
GNP 5만 달러 시대를 열 것이요

북한의 GNP는
1만 달러에 이르리라

그렇게 북한이 있음으로 하여
이 나라 대한민국은
전 세계에서 가장 잘살고
가장 강한 나라가 될 것이요

북한도 남한이 있음으로 하여
기아와 빈궁에서 벗어나
이밥에 고깃국을 먹는 소원을 이루리라

그렇게 우리는 손에 손잡고
중국의 13억 소비시장을 정복하고
전 세계를 지배하리라

이제 남과 북의 동강난 철로는
다시 하나로 연결되고
한반도의 잘라진 허리와
동맥이 이어지리니

오전에 서울을 떠나
점심은 평양에서 먹고
대동강에서 보트도 타고
모란봉 부벽류에도 올라
한껏 즐기고 돌아와
저녁은 서울에서 먹으리라

북한의 개방지역들엔
자치정부와 국제재판소가 세워지리니

우리는 자유롭고 안전하게
북한을 오고가며
통일시대를 활짝 열리라

서해 분쟁지역인
연평도 백령도 앞바다는
공동경비지역으로 전환되리니

그곳은
평화로운 공동 어장이 되리라

남북은 독도수호 연합군을 창설하여
우리의 하나 된 힘을
온 세상에 떨치리니

한반도 평화를 위한

공동 감시소를 세우고
서로 평화 감시사찰단을 파견하여
이 땅에 더 이상의 비극이
생기지 않게 하리라

돌이켜 보면
7·4공동성명과
6·15공동성명을 비롯한
남북 정치지도자들의 약속은
정치적 환경변화와
또 정권이 바뀔 때마다 좌절되었거늘

이제 우리는
그 어떤 바람에도 흔들리지 않는
남북평화조약실천기구로서
공동정부를 수립하리라

되돌아보면
금강산에서 관광객이 애석하게 사망했을 때도
그 죄를 재판할 법이 없어서
오늘날까지 남북관계가 중단되고 말았거늘

이제 우리는 한반도 평화를 전담하는
국제재판소를 유엔에 신설하고
남북교류에서 발생하는 모든 문제를
철저히 국제 법에 준하여 해결하리라

그렇게 정치공식이 아닌
지극히 상식적인 시스템을 만들면
1년 내에라도
한반도의 현실적 통일을 이룰 수 있나니

독도수호 연합군 창설로 군사적 통일을 이루고
남북경제 합작으로 통일경제를 이루리라

남북의 철로를 연결하고
한반도의 잘라진 허리와 동맥을 이으리라

그 철도로 금강산, 묘향산, 칠보산을 비롯한
북한의 관광지와 개방지역들을
자유롭게 오가며 영토의 통일을 이루리라

스포츠 단일팀을 만들어
올림픽과 월드컵에 출전하여
한민족의 통일된 힘을 온 세상에 떨치리니

스포츠, 예술, 문화교류로
남북의 문화적 통일을 이루리라

지금까지는 서로의 약속을 지킬 수 있는
시스템이 없고 법이 없어서
통일을 이루지 못하였다면
이제 우리는 남북평화조약실천기구로서
공동정부를 수립하고
한반도 평화문제를 전담하는
국제재판소를 유엔에 신설하여
이 땅의 현실적 통일을 이루리라

그렇게 북한이 있음으로 하여
대한민국은 더 잘살고 더욱 강대해지리니

우리에게 북한은
기회의 땅이 되리라

우리의 위대한 조상들이
말 타고 달리며 호령했던 만주벌판

꿈에라도 그리운 그 광활한 대륙을
남북이 하나 된 통일경제로 정복하고
잃어버린 그 고토에서
아직 잠들지 못하고 있는
조상들의 혼을 잠재우리라

북한을 기회의 땅으로 만들어
전 세계를 정복하고
이 지구를 한민족이 지배하는
우리의 행성으로 만들리라

겨레여 일어나라
지금 그때가 왔다!

22년 전의 날조된 그 기자회견은 저의 인생을 궁지에 빠뜨렸고 완전히 매몰시켜 버렸습니다. 그때 보수정부가 저의 신분을 조작하지 않고 강요된 기자회견을 시키지 않았더라면, 그래서 그 기자회견에서 진실을 밝혔더라면 북한의 핵개발은 이미 평화적으로 해결되어서 한반도는 통일의 문을 열었을 것입니다. 그래서 저도 가족과 재회할 수 있었을 텐데 말입니다.

남한에서 소설형식을 빌려 북한의 핵개발 실상을 간접적으로 소개하긴 했었지만 수기는 한 번도 쓰지 않았습니다. 수기는 사실 그대로의 기록이어서 북한에서 피해를 볼 사람들이 생길 것이 두려웠습니다.

2000년도에 장성택을 단장으로 하는 경제대표단이 남한을 방문한다고 했을 때, 그 대표단에 박송봉 1부부장도 포함되었습니다. 그와 헤어진 지 7년 만이었습니다. 그래서 한번 만나보고 싶기도 했지만 그에게 피해를 줄 것 같아서 차마 용기가 나지 않았습니다.

이젠 많은 세월이 흘렀습니다. 장성택이도 처형되었고, 장용철이도 처형되었고, 박억년이도 정치범 수용소에 끌려가 있다는 소식도 듣고 있습니다. 또 북한의 핵개발에서 주요 직책을 맡고 있는 지인들에게도 더 이상 피해를 줄 것 같지 않다고 판단됩니다.

이제 어느 정도는 말할 수 있을 것 같습니다.

저는 이런 한을 천 편의 시로도 씻어낼 수가 없어, 벌거벗은 시인이 되어 몸부림치기도 했던 것입니다.

북핵문제 해결 방안

지금까지의 북핵문제 해결은 지시적인 사항으로 일관되어 왔습니다. 즉, '핵무기 개발을 하지 말라.' '핵무기를 만들지 못하게 감시할 수 있도록 하라.' '핵무기 개발을 계속하면 정치 경제적인 제재를 하겠다.' 하는 것과 같은 지시적인 요구사항이었던 것입니다. 그러다 보니 북한의 핵개발을 원천적으로 해결할 수가 없었습니다.

국제 사회가 북한에 바라는 것은 원자력 에너지 개발을 반대하는 것이 아니라 핵무기 개발을 하지 말라는 것입니다. 그렇다면 북한의 핵개발 체질을 순수 원자력 에너지 개발 체질로 개선될 수 있도록 해야 합니다.

김일성주석은 지하 동력자원이 고갈되어 가기 때문에 원자력 에너지 개발이 반드시 필요하다고 하였습니다. 그에 부합될 수 있도록 북한의 핵개발 체질을 평화적 핵에너지 체질로 개선시켜야 한다는 것입니다. 이를 위해 남북은 이제 서로 협력하여야 합니다.

핵무기를 만들지 말라고 요구만 할 것이 아니라 북한의 우라늄 핵에너지 자원을 함께 개발하고, 남북 합작으로 생산된 핵연료봉을 남한의 원자로에 가져와 전력을 생산하여 그 전력을 남북이 함께 공유해야 한다는 것입니다. 이 같은 시스템을 구축한다면 북핵문제는 원천적으로 해결됩니다.

황해도 평산, 금천지방에는 질 좋은 우라늄 광석이 많이 매장되어 있습니다. 그 지역들에서 생산되는 우라늄은 석탄 속에서 생산되는데 우라늄 0.8% 바나듐, 1.4% 정도 포함되어 있습니다. 뿐만 아니라 우라늄, 바나듐을 생산하고 나머지 폐액에서 몰리브덴, 니켈, 라듐 등의 희유금속도 생산됩니다. 그만큼 이용가치가 크다고 할 수 있습니다.

평산군 평화리에 40만 톤 처리능력으로 건설된 대규모 우라늄생산 공장이 있는데 실제로는 20만 톤 처리능력 수준입니다. 이것도 남북한이 합작하면 40만 톤 처리능력으로 확장할 수 있습니다.

그곳에서 생산된 우라늄 분말은 영변 핵단지로 옮겨져 핵연료봉으로 만들어집니다. 그 핵연료봉이 연소된 재는 플루토늄을 생산할 수 있는 원료가 됩니다. 그런즉, 북한의 우라늄광석 채굴에서부터 우라늄 정광생산, 핵연료봉 생산에 이르기까지의 시스템을 남북한이 합작하고, 그 핵연료봉 전량을 남한의 원자로에서 연소시키면 북핵문제를 원천적으로 해결할 수 있습니다.

미국을 비롯한 국제사회가 요구하는 대로 우라늄 농축프로그램을 자동 차단하고 플루토늄이 생산되는 것까지도 차단할 수 있으니 말입니다. 이는 남한뿐만 아니라 북한에도 큰 경제적 이득을 주게 될 것입니다. 아울러 이 시스템은 북핵문제 해결에서 가장 완벽하고도 모범적인 답안입니다.

저는 북한 우라늄생산 공장과 영변 핵단지의 애로점을 잘 알고 있습니다. 그래서 그 애로점들이 남북의 합작으로 완전 해결될 수 있다는 것도 잘 압니다. 제가 북한에 있을 때 바나듐─나선식 회전로의 기술적 부족으로, '토법'이라는 원시적 방법으로 바나듐을 생산하는 작업을 책임지고 고생한 적이 있습니다. 또 그 바나듐의 수출 판로를 개척하느라 애쓰기도 했습니다.

남북이 우라늄 생산 공장을 합작한다면 그런 문제들까지도 원만히 해결될 것입니다.

남북한은 북핵문제를 평화적인 합작으로 해결함으로서 매년 5조원 이상의 경제적 이득을 창출할 수 있습니다. 이는 북한이 일시적 지원을 받는 것에 비할 수 없이 큰 이득이 됩니다. 북핵문제의 평화적 해결로 북한도 실로 엄청난 몫을 챙기게 될 것입니다.

김일성주석은 한반도에서 핵전쟁이 터지면 통일이 되더라도 일본 히로시마와 나가사키에서처럼 기형아를 산생하며 한민족이 쇠퇴할 것인바, 그 때에 또 주변국들이 한민족을 얕보고 침략할 수도 있다고 하였습니다. 그러니 한반도에서 핵전쟁의 위협을 완전히 가시는 것은 국제사회와 더불어 남북 모두의 염원이 됩니다.

1994년 북미 제네바 회담이 있은 때로부터 18년의 세월이 흘렀습니다. 강산이 두 번 변할 수 있는 긴 세월이 흐른 것입니다.

북한은 그 세월 동안 플루토늄 생산뿐만 아니라 우라늄 농축프로그램까지 마련했습니다. 또 미국까지도 타격할 수 있는 장거리 미사일 실험에 성공했을 뿐만 아니라 지하핵실험에서도 성공했습니다. 북한을 국제사회에서 철저히 고립시키고 남북이 대결하여 온 것이 오히려 북한의 핵위협을 더 크게 키운 것입니다. 이는 명백한 실패입니다.

10월 24일과 25일에 진행된 제네바 북미 2차 회담에서도 북핵문제를 해결하지 못했습니다.

북한이 감동할 수 있는 정답을 제시하지 못했기 때문입니다. 이제 대한민국 정부와 국제사회는 지금까지의 실패한 방식이 아닌 실제 정답을 가지고 북핵문제를 원천적으로 해결하여야 합니다.

본인은 북한 핵개발 현장에 있던 자로서 그 정답을 제시하고자 합니다.

남북 평화조약 실천 기구 — 공동정부 창설

남북한은 한반도의 평화와 통일을 위해 7·4 공동성명에서부터 6·15 공동성명에 이르기까지 많은 약속을 하여 왔습니다. 하지만 그 약속들은 이루어지지 않고 있습니다.

7·4 공동성명이 발표된 때로부터 반세기에 이르는 긴 세월동안 약속만 반복하며 막대한 국력과 함께 세월을 낭비하고 있는 것이 현실입니다. 국제 정세와 북한의 정치 환경에 따라, 또 남한의 정치사회 변화와 정권이 교체될 때마다 그 약속 이행은 좌절을 겪어 왔습니다.

그 원인은 서로의 약속을 지킬 수 있는 시스템이 마련되어 있지 않았기 때문입니다. 만약에 남북한의 정치 환경이 변화될지라도 그 영향을 받지 않고 남북 간에 맺은 조약을 철저히 이행할 수 있는 시스템이 있었더라면, 7·4 공동성명의 조약들이 이미 이루어지고 한반도의 평화가 정착되어 북한이 핵무기를 개발할 필요가 없었을 것입니다. 또 6·15 공동성명의 이행도 좌절을 겪지 않았을 것입니다.

서로를 인정 안 하고 반목 대결 해온 결과는 한반도가 핵전쟁의 도

가니에 빠져 한민족이 공멸할 수 있는 위험만 키웠습니다.

그러므로 남북이 서로를 인정하고 믿을 수 있는 시스템을 만들고, 그 시스템을 관리 감독할 수 있는 남북 평화조약 실천기구-공동정부를 창설하여야 합니다.

상대에게서 원하는 것을 얻으려면 상대가 원하는 것도 주어야 하는 바, 이 같은 보편적 상식에서 북한의 핵 문제 해결 및 남북 경제협력 시스템을 만들어야 합니다. 그리고 그 시스템을 관리 감독할 수 있는 공동정부로서 '남북 평화조약 실천기구'를 만들어야 하는 것입니다.

우체국이나 은행에 가면 사람들이 번호표를 뽑고 순서를 기다리다가 차례가 되면 자신의 일을 봅니다. 직원이 나와서 간섭하지 않아도 이 질서는 스스로 지켜지고, 우체국장이나 은행장이 바뀌어도 이 시스템은 절대 변하지 않습니다. 앞으로도 영원히 지켜질 것입니다. 번호표 뽑는 기계 하나가 이 같은 시스템을 만들어냈습니다.

남북 평화조약 실천기구-공동정부도 이 번호표 뽑는 기계와 같은 기구여야 할 것입니다.

국제 재판소 설립

남북한 교류가 지금까지 실패한 요인은 정치공식에만 의존한데 있습니다. 서로의 사회제도에 엄청난 피해를 준 사건들이나 분쟁이 발생했을 때 그것을 해결할 수 있는 법률적 시스템이 전혀 없었던 것입니다.

남북한은 한 동족이라고는 하나 분명히 다른 국가의 명칭으로 유엔에 가입되어 있으므로 엄연히 국가와 국가 간의 교류입니다.

이와 같이 특수한 환경을 고려하여 남북 교류에서 발생하는 사건 및 분쟁을 조정하고 해결할 수 있는 국제 재판소 설립이 반드시 필요합니다. 유엔 산하에 한반도의 평화적 안정과 교류를 위한 한반도 전담 국제 재판소를 신설해야 하는 것입니다.

따라서 이 국제 재판소는 남북한의 정치적 간섭을 전혀 받지 않는 국제기구로서, 남북한 상호 교류에서 발생하는 모든 사건 및 분쟁 문제를 조정하고 해결해야 합니다.

만약 이 같은 법률적 시스템이 이미 마련되어 있었더라면 지금과 같이 남북 교류가 중단된 상황이 발생하지 않았을 것입니다. 금강산 관광에서 발생한 인명피해 사고를 법적으로 해결할 수 있었기 때문입니다.

그런즉, 국제 재판소 설립은 남북한의 정치적 부담을 덜고 상호 교류를 지속 발전시킬 수 있는 발판이 됩니다. 한반도의 평화정착을 위한 매우 중요한 장치인 것입니다.

아울러 국제사회의 자본 투자를 남북 교류에 끌어들일 수 있는 신뢰의 황금 열쇠가 될 것입니다.

남북 공동 평화감시소 설립

남북은 한반도의 평화 안전을 위한 공동 감시소를 설립하고, 위성 통신 등을 이용하여 남과 북의 군사적 움직임을 한 자리에서 상호 감시하고 통제할 수 있어야 합니다.

뿐만 아니라 주변국들의 군사적 움직임도 철저히 감시하여 한반도에 위협이 되는 일이 발생하면 즉시에 공동 대처할 수 있어야 합니다.

이는 남북 공동 평화감시소 설립에 매우 중요한 명분이 됩니다.

남북 평화감시사찰단

남북한은 상대측에 평화감시사찰단을 파견하여 국가 안보 및 평화를 위협하는 행위들을 감시하고 상응한 대책을 마련할 수 있어야 합니다.

예를 들어 남한에서 파견된 평화감시사찰단은 남한의 국가 안보에 위협이 될 수 있는 북한의 움직임을 감시 통제할 수 있어야 합니다.

마찬가지로 북한에서 파견된 평화감시사찰단도 남한에서 동일한 기능을 수행할 수 있어야 합니다. 그러니 북한에도 꼭 필요한 시스템입니다.

평화감시사찰단은 호칭 그대로 사찰 권한까지 갖고 있어야 하며, 특히 군사적 도발이 발생하지 않도록 철저히 감시하고 통제하여야 합니다. 이 같은 시스템이 이미 마련되어 있었더라면 연평도 사건과 같은 비극적 참사는 일어나지 않았을 것입니다.

독도수호 남북연합군 창설

독도는 한반도의 영토이며 일본과 영토분쟁에 있는 섬으로서 '독도수호 연합군' 창설은 그 상징성으로 하여 남과 북을 하나로 뭉치게 하고, 그 하나 된 힘을 전 세계에 과시할 수 있는 좋은 수단입니다.

독도수호 연합군은 육, 해, 공군 무장력을 갖추고 매년 합동 군사훈련을 하며 한민족의 하나 된 힘을 전 세계에 알려야 할 것입니다.

서해 공동경비구역 및 공동 어장 창설

연평도, 백령도가 있는 서해 지역은 남북한의 대표적인 분쟁 지역입니다. 이 지역을 분쟁지역이 아닌 평화적인 공동경비 지역으로 전환하고 남북한 공동어장으로 만들어야 합니다.

남북한 무력감축

남북한의 군사적 동족 대결로 인해 막대한 국력이 소모되고 있습니다. 그러므로 남북한의 군사적 대결을 축소하면 그 축소한 만큼의 국력을 강화할 수 있습니다.

남북한 무력감축은 서로에게 가장 큰 위협이 되고 있는 포병 화력 무기부터 3·8 휴전선에서 완전 철수해야 합니다. 그리고 그 상황은 상대측에 파견된 평화감시사찰단에 의해 감시 통제되어야 합니다.

남북 경제 합작 관리감독국 창설

북한은 도, 시, 군, 리마다 국가 계획경제 시스템에 의해 중공업, 경공업, 농수산업 등의 기업들을 체계적으로 갖추고 있습니다.

하지만 대부분의 공장들이 원자재 부족 등으로 정상가동을 못하고 있는 형편입니다. 여기에 남한의 시장 경제를 접목시키면 멈춰선 공장들을 정상 가동시킬 수 있습니다.

따라서 남한의 투자자는 북한의 공장과 싼 인건비를 이용하여 제품을 생산할 수 있으며, 북한은 주저앉은 경제를 회생시킬 수 있는 기회를 얻게 됩니다.

예 1: 신의주 지방이 고향인 실향민이 자기 고향에 투자하여 비닐하우스 농사로 목이버섯을 재배해서 중국시장에 내다 팝니다. 실제로 중국 상인들은 북한에 나와서 목이버섯을 구입해 가고 있습니다. 그런데 남한에서 목이버섯을 생산하면 가격 경쟁력이 떨어지기 때문에 중국에 팔 수가 없습니다. 반면에 북한의 싼 노동력으로 목이버섯을 재배하게 되면 중국에 대량으로 팔 수 있을 정도로 가격 경쟁력이 높아지게 되는 것입니다.

그리하여 자기 고향 경제도 살리고 높은 수익도 창출할 수 있습니다. 산이 많은 북한의 기후와 토질을 놓고 볼 때 비닐하우스 농사를 짓는 것이 더 효율적인 수익을 창출할 수 있습니다.

예 2: 북한의 수산업은 기름 부족으로 인해 어선들이 제대로 출항을 못하며 양식업도 남한에 비해 많이 뒤떨어져 있습니다.

그러므로 남한의 투자자는 자신이 선택한 지역의 수산 회사에 기름을 공급하고, 또한 양식 기술 및 원자재들을 보장만 하면 많은 수산물을 생산할 수 있을 것입니다. 이 역시 일본, 중국, 러시아, 국내시장에서 충분한 경쟁력이 있습니다.

예 3: 북한에는 각 지방마다 의류 생산업체들이 있습니다. 이 업체들에 디자인과 원자재를 제공하여 제품을 생산하고 중국, 러시아 등의 시장에 가져가면 대한민국 브랜드가치가 더해져 역시 충분한 경쟁력이 있습니다. 물론 국내 시장에서도 충분한 가격 경쟁력이 있습니다.

남북 경제 합작 방안

1. 북한의 기업 정보를 사진, 동영상 등으로 인터넷을 통해 오픈합

니다.

2. 남한의 투자자는 인터넷을 통해 북한의 기업 정보들을 검색하고 자신의 아이템과 투자규모에 맞는 기업을 선택합니다.

3. 남북 경제 합작 관리감독국에 투자할 북측 기업과의 면담을 신청합니다.

4. 북측 지방 산업을 총괄하는 기관의 전문가들과 만나 설계도면 및 디자인, 사업계획서를 내놓고 구체적인 합의를 합니다. 이 같은 간접적 시스템은 북한 주민들과의 문화적 충돌을 피하기 위해서 입니다.

즉, 투자자의 입장에서 북한의 체제안정이 곧 북한 인력시장의 안정이고, 투자 합작 기업 경제시스템의 안정이기 때문입니다.

5. 북측에서는 생산과정과 결과를 동영상 및 사진으로 찍어 인터넷에 올리고 남측 투자자가 확인할 수 있게 하여야 합니다. 카메라와 컴퓨터는 투자자가 보장하면 됩니다.

6. 투자자는 매일 인터넷을 통해 북측 합작 기업의 생산과정을 확인하고 필요한 지시 및 주문을 할 수 있어야 합니다.

7. 제품생산에 대한 대금 결제는 북측에서 요구하는 대로 현금 또는 상품으로 할 수 있어야 합니다.

8. 생산과정에 발생한 오작품에 대한 책임은 당연히 생산자 측이 지며 그에 대한 책임은 대금 결제에서 변상시킬 수 있어야 합니다.

이와 같은 남북 경제 합작 시스템을 갖추면 많은 시간과 돈을 들여 개성공단과 같은 공단을 더 조성하지 않아도 될 것입니다. 말씀드린바와 같이 북한의 계획경제와 남한의 시장경제를 접목시키면 아주 효율적인 경제 시스템을 만들 수 있습니다.

남한 사람들은 아이템과 적은 투자를 가지고도 북한의 공장과 싼 인건비를 이용하여 높은 수익을 창출할 수 있는 것입니다. 공장을 짓지 않아도 되고, 사업장 임대료나 월세를 지불하지 않아도 되고, 인건비도 매우 저렴함으로 이처럼 창업조건이 좋은 곳이 또 어디에 있겠습니까?

그러니 남한의 직장인도 북한 합작회사의 CEO가 될 수 있고, 도시민도 북한 합작 농장의 주인이 될 수 있는 것입니다. 가정주부도 북한 합작 수산의 선주가 될 수 있습니다.

예를 들어, 남포 앞바다에서 고깃배 1척에 디젤유 100킬로를 넣고 출항하면 대합조개 1톤 이상을 잡을 수 있습니다.

이 배가 한 달 평균 20일 작업했을 때 20톤 정도의 대합조개를 잡을 수 있는데, 그 절반을 투자자의 몫으로 챙긴다면 그것을 1킬로 당 2,500원씩 팔아도 2,500만 원의 수익이 발생합니다. 여기서 기름 값으로 200만 원을 빼도 순수익이 2,300만 원이 됩니다.

북한과 중국의 수산 합작 계약을 보면 6대 4에 중국이 6을 갖는 불합리적인 조건인데, 절반으로 동등하게 나누어도 그 같은 수익이 발생하는 것입니다.

이것이 남북 경제 합작입니다. 남한의 비좁은 공간에서 성공확률이 희박한 경쟁을 치열하게 하는 것보다, 북한의 계획경제와 합작하면 높은 수익과 함께 100% 성공할 수 있는 것입니다. 이처럼 남북의 경제 합작으로 남한 사람들에게 북한은 기회의 땅이 됩니다. 또한 북한은 그것을 통해 최단 빠른 기간 내에 경제를 살릴 수 있습니다.

남한의 농축산물을 중국에 수출하기는 어렵습니다. 중국이 거대한 소비시장인 것은 분명하지만 남한의 비싼 인건비, 임대료, 월세 등등 때문에 가격경쟁력이 떨어지기 때문입니다. 하지만 그것을 북한에서 재배하고 생산하면 중국시장에서 충분한 경쟁력을 갖게 됩니다. 또한 그것을 남한에 가져오면 소비 물가를 낮추고 안정시키는 긍정적 역할을 하게 됩니다.

북한 계획경제와의 합작으로 얻는 것이 많다고 할 수 있겠습니다.

경동시장에 가보면 중국 상품이 판을 치고 있습니다. 남한의 인력시장도 외국인 근로자들에게 많은 부분을 내어 주었습니다. 게다가 남한의 비좁은 공간에서 일자리 창출은 제한되어 있고 이미 포화상태입니다.

세계 경제 위기는 수출 지향성 체질을 가진 한국 경제를 한순간에 쇼크 시킬 수도 있습니다. 이 같은 상황에서 남북의 경제 합작은 분명히 새로운 기회입니다. 그러므로 북한을 대결의 상대가 아닌 기회의 땅으로 만들어야 합니다. 꿈이 실현되는 곳으로 말입니다.

예를 들어, 북한의 인력시장을 2천만 명으로 보고, 20명 단위로 계산하면 100만개의 사업장이 됩니다(물론 10명 이하의 사업장들도 많겠지만 평균을 위해 예를 든 것입니다).

남한의 100만 명이 이 사업장들과 합작하면, 100만개의 일자리가 아닌 100만개의 사업장이 만들어지는 것입니다.

일자리와 사업장의 수익규모는 큰 차이가 있습니다. 그런즉, 남북 경제 합작으로 남한에서 100만 명의 CEO가 탄생될 수 있습니다.

북한 관광, 쇼핑, 자유무역 경제특구 개방

북한의 개방은 사회체제 안정과 관련된 매우 민감한 문제입니다. 개방을 통해 문화적 충돌이 발생하면 그것은 곧 북한 체제를 위협하기 때문입니다.

북한이 압록강 하구의 황금평을 경제특구로 개방할 수 있는 것은 북한 주민과의 문화적 충돌을 막을 수 있기 때문입니다. 만약에 황금평이 북한 내륙에 있다면 경제특구로 개방될 수 없습니다.

하지만 황금평은 지리적으로 북한 지도에서 분리되어 있고, 중국과는 개울 하나를 사이에 두고 있습니다. 그러니 그 지역에 외국 투자자들이 들어와 어떤 세상을 만들던 북한 주민들은 출입이 통제되어 알 수가 없는 것입니다.

북한 체제의 불안정은 남북경협에 도움이 안 될 뿐만 아니라 한반도 평화에도 악영향을 미칠 수 있습니다. 그래서 북한 체제의 특성상 남북 경협에서도 북한 주민들과의 문화적 충돌을 막을 수 있는 시스템 및 자유 경제특구가 필요합니다.

현재 북한에는 황금평, 라선특별시, 개성공단 포함한 3개의 경제특구가 있습니다. 이는 남북경협에서 매우 중요한 모델이 됩니다. 하지만 북한 당국이 이 지역들에서 획기적인 이득을 창출하기는 쉽지 않습니다. 그 지역들을 홍콩이나 스위스 같이 만들 수 없기 때문입니다.

지금 북한이 중국에까지 나가 외자유치를 위해 적극적으로 노력하고 있지만, 황금평이 '동네장사'를 초월하여 국제적인 관광 도시가 되긴 어렵습니다. 북한은 아직도 꽉 막힌 숨통을 열 수 있는 맥을 찾지 못한 것입니다. 북한의 경제를 회생시킨다는 것은 곧 한반도의 통일비용 부담을 없애는 것이기도 합니다.

북한 동해선 철도 개방

북한이 동해선 철도를 개방하고 중국, 러시아, 한국에서 자유롭게 오갈 수 있도록 해도 황금평, 라선특별시, 개성공단보다 100배 이상의 경제적 이익을 창출할 수 있습니다.

특히 열차는 정해진 철로 위에서만 달리고 북한 주민들은 그 열차에 오를 수 없으므로 북한 주민들과의 문화적 충돌이 생길 수 없습니다.

서울에서 부산까지 가는데 KTX를 많이 이용하는 것은 비행기보다 편리하고 값도 싸기 때문입니다. 마찬가지로 중국, 러시아, 한국에 오가는 것도 같은 조건이라면, 또 그 이상의 조건이라면 더 많은 사람들이 이용할 것은 불 보듯 뻔합니다. 대한민국 인구는 고작 수천만이지만, 중국 인구 13억, 러시아 인구 1억 4,200만에 이르기 때문입니다.

그런데 열차가 북한을 그냥 통과하는 것이 아니라 북한에 조성된 관광, 쇼핑, 자유무역, 경제특구에 들렸다 간다면 수익이 더 극대화 됩니다.

그 프로젝트에 대해 밝힙니다.

원산, 통천─금강산지구 관광, 쇼핑, 자유무역 경제특구 개방.

원산 송도원과 갈마반도 명사십리에 관광특구를 조성하고, 이 지역들을 직행버스로 연결하면 북한 주민들과의 문화적 충돌을 통제할 수 있습니다.

특히 원산에서 통천—금강산지구로 들어가는 입구를 차단하고 통천—금강산지구에 관광, 경제특구를 조성하면 북한 주민들과의 문화적 충돌을 철저히 통제할 수 있습니다.

통천 시중호는 부산 해운대보다 열 배나 큰 해안선을 가지고 있고, 이곳의 감탕은 사람과 동물의 치료에 효과가 큰 것으로 예로부터 널리 알려져 왔습니다(호수 바닥은 감탕으로 깔려있고, 해안에는 모래로 백사장을 이룬 것이 특징입니다).

총석정의 해돋이는 관동팔경의 하나로서 역시 예로부터 유명합니다. 그리고 통천지방은 국제적인 골프장이 들어설 수 있는 지형적 조건이 갖추어져 있습니다.

또한 이 지역은 원산과 금강산이 철도로 연결되어 있고, 바다로도 원산과 금강산 지구를 오갈 수 있는 뱃길—교통수단이 갖추어져 있습니다. 철도로는 남한, 중국, 러시아에서 관광객들이 올 수 있고, 바다로는 가까운 일본에서 오갈 수 있는 위치인 것입니다.

이 지역들에 국제적인 관광도시를 건설하고 골프장, 경마장, 카지노, 수상스키, 보트장, 동계스키장 등을 조성한다면, 스위스 이상의 명품 관광도시가 될 것이며 동양의 라스베거스가 될 것입니다.

이 지역에 서울의 남대문시장, 홍콩시장, 연변(중국)시장, 러시아시장, 일본시장들의 모형을 그대로 옮겨 놓고 그 시장들에 따라 서울, 일본, 홍콩, 중국, 러시아 거리를 조성하면 아시아의 다국적 문화도시가 될 것입니다.

그리고 세계적인 유명브랜드를 유치하고 유통시킬 수 있는 대형 쇼핑 타운들을 만든다면 국제도시로서의 위상까지 갖추게 될 것입니다. 이곳에 북한의 농수산물 직거래 장터까지 생긴다면 효과는 더 커질 것입니다.

부산 해운대에는 하루 100만 명 인파가 몰리고, 서울의 롯데월드에는 3만 명의 사람들이 매일 몰립니다. 시중호, 총석정, 금강산지구를 끼고 통천지역에 관광, 쇼핑, 자유무역 경제특구를 조성한다면 부산 해운대나, 서울 롯데월드 못지않게 많은 인파가 몰릴 것입니다. 그러면 이 지역에 조성된 호텔, 콘도의 숙박 수익만 해도 실로 엄청날 것은 손금 보듯 뻔합니다.

마침 한류열풍이 전 세계에 일고 있으므로 이 지역에서 한류스타들이 출연하는 콘서트, 패션쇼 등 다양한 문화예술 행사들을 지속적으로 갖는다면 홍보를 극대화할 수 있습니다.

매해 시중호 감탕축제, 금강산 단풍축제 등의 행사를 갖는 것도 관광특구 홍보에 큰 기여가 됩니다.

가장 중요한 문제는 국제자본이 몰릴 수 있는 신뢰를 갖추는 것입니다. 그래서 이 지역에 자치정부를 세우고 국제재판소를 둔다면 국제적인 신뢰를 충분히 얻을 수 있습니다. 자치정부를 먼저 세우면 북한당국이 애쓰지 않아도 자치정부가 투자유치를 하고 관광, 쇼핑, 자유무역 경제특구를 조성할 것입니다.

앞으로 이 지역에서 발생하는 사건들과 분쟁문제를 자치정부가 책임지고 처리할 것이므로 북한당국의 부담도 덜게 됩니다. 그러므로 북한당국엔 100% 유리한 시스템입니다.

함경북도 명천군에 있는 칠보산지구도 관광특구로 개방한다면 스위스 못지않은 명품 관광도시로 조성할 수 있습니다. 특히 명천 지방에는 온천이 많이 나므로 국제적인 의료관광 도시로 조성할 수 있습니다.

광물자원이 많은 단천 지구를 경제특구로 선정하고 이 지역 광산들과 단천 제련소, 마그네사크링카 생산 공장을 남한과 합작 한다면, 높은 생산성과 수익을 창출할 수 있으므로 통일경제의 훌륭한 모델이 될 수 있습니다.

이 지역들은 모두 동해안에 위치하고 있으며 동해선 철도로 연결되어 있습니다. 동해선 철도는 중국, 러시아, 한국을 오갈 수 있는 교통수단일 뿐만 아니라 원산, 통천-금강산지구, 단천, 명천-칠보산지구, 라선특별시에 해외 관광객 및 비즈니스맨들을 유치하는 중요한 수단이 됩니다.

그러므로 동해선 철도를 이용하여, 중국, 러시아, 한국에서 하루 10만 명 이상의 관광객 및 비즈니스맨들이 오갈 수 있습니다. 이 교통 수익만 해도 매일 5천만 달러 이상을 창출할 수 있는바, 해마다 180억 달러 규모의 수익을 창출할 수 있는 것입니다.

북한과 중국의 한해 교역이 30만 달러 정도인 것에 비하면 실로 엄청난 수익이 아닐 수 없습니다. 여기에 물류 유통비까지 더하면 수익은 더 극대화 됩니다.

북한의 동해선 철도를 개방하고 남북한 철도를 연결하는 것은 한반도의 잘라진 척추-허리를 잇는 역사적 의의가 있습니다. 아울러 북한 동해선 철도가 개방되고 그 이용이 활발해짐에 따라 철도 복선공사를 진행해야 합니다.

자치정부

관광, 쇼핑, 무역 자유지역은 규모가 크고 대한민국, 일본, 중국, 러시아, 유럽, 미국 등, 세계 여러 나라들에서 온 많은 관광객들과 무역상인들이 임시 거주하므로 크고 작은 사건 사고들과 분쟁문제들이 발생하게 되는데 이 문제들은 북한 당국 차원에서 절대로 해결할 수 없습니다.

또한 그 문제를 해결한다는 것은 북한 당국에 엄청난 부담이 됩니다. 그러므로 자치 정부를 두고 행정업무 및 치안을 총괄하게 하여야 합니다.

자치 정부는 북한 일반 주민들의 출입을 철저히 통제하여 문화적 충돌을 막고 북한 체제안정에 적극 협력하여야 할 것입니다. 자치정부 수립은 국제적 신뢰를 얻을 수 있는 반드시 필요한 시스템이며 홍콩과 같은 국제시장으로 성장할 수 있는 발판입니다.

서울—평양—단동 간 철도 개방

앞서 말씀드린 바와 같이 열차는 정해진 철로 위에서만 달리므로 북한 주민들과의 문화적 충돌이 자연 차단됩니다. 그런즉, 서울—평양—단동 간 열차를 개방하면 많은 수익창출이 가능해집니다.

특히 서울—평양 간 열차를 개방하고 평양시 1일 관광코스를 오픈하면 금강산 관광보다 많은 수익이 창출될 것입니다.

서울에서 오전에 떠나 평양 옥류관에서 냉면을 맛있게 먹고, 대동강에서 보트도 타고 모란봉도 관광하고 올 수 있도록 하면 금강산 관광보다 많은 사람들이 이용할 테니 말입니다. 평양시민들은 외국인들에 많이 익숙해 있으므로 문화적 충돌이 발생하는 일은 거의 없을 것입니다. 그리고 1일 관광이 안정되면 1박 2일 이상의 코스로 연장하고 묘향산 관광으로 연결하면 큰 효과가 있을 것입니다.

그렇게 평양이 변화되면 북한 전체가 변화되는 효과를 얻게 될 것입니다.

관광산업의 확산

북한 관광-경제특구를 찾는 사람들은 평양을 비롯하여 백두산, 묘향산, 몽금포 등 북한 내 다른 관광지들도 가보고 싶어 할 것입니다.

그 같은 관광 욕구들로 인해 북한의 관광산업은 전반적으로 큰 호황을 누리게 될 것입니다. 그리고 외국 관광객들의 소비는 북한의 경공업 발전에도 매우 긍정적인 영향을 미치게 될 것입니다.

북한이 핵무기 보유를 포기한 대가로 이처럼 많은 경제적 이득을 얻을 수 있다는 비전을 주는 것이 중요합니다.

북한 독립채산제 정책의 성공

남한의 시장경제와 북한 계획경제 합작으로, 북한에 독립채산제 정책에 부합되는 부자 및 중산층집단이 우후죽순처럼 많이 생길 것입니다. 이는 북한 독립채산제 정책의 결실로서 사회전반에 매우 긍정적인 영향을 미칠 것입니다.

북한경제의 방향

산이 85% 차지하는 북한에서 농업 위주로 의식주 문제를 해결하기는 매우 어렵습니다. 4계절이 뚜렷한 기후와 산성화된 토질 조건은 그것을 더욱 어렵게 합니다. 관광산업의 발전은 그 대안이 됩니다.

그리고 중국, 러시아의 거대한 시장에 소비시킬 수 있는 가공 산업을 발전시켜야 합니다. 남북 경제 합작으로 그 가공 산업을 빠르게 발전시킬 수 있습니다. 그리하여 중국시장에 의존하는 현 상황을 완전 역전시키게 될 것입니다.

북한 내 상점들에도 인민 생활소비품들이 넘쳐나게 될 것이고, 음성시장은 대폭 축소되어 화폐통화가 원활해질 것입니다.

핵무기보다 더 강력한 무기

북한에 관광, 쇼핑, 자유무역 경제특구가 조성되고, 동해선 철도와 서울—평양—단동 간 철도가 개방되어 수십만 명의 외국인들이 상주하고 오간다면 북한은 자연히 국제적 보호를 받게 됩니다. 만약에 북한에서 전쟁이 일어난다면 그 많은 외국인들의 생명재산이 직접적으로 피해를 볼 수 있기 때문입니다.

그러므로 이 시스템은 핵무기로 자국보호를 하는 것보다 더 큰 위력을 갖게 됩니다. 돈도 벌고 국제적인 보호까지 받을 수 있다면 참으로 좋은 일이 아니겠습니까. 따라서 북한의 경제특구에 외국인들이 많이 상주할수록 좋습니다.

통천—금강산지구, 명천—칠보산지구에 100만 명 이상의 외국인들이 상주한다면 그로 인해 발생하는 정치 경제적 효과는 실로 천문학적이라 할 수 있습니다.

북한당국에 이와 같은 비전을 자꾸 제시해야 합니다.

남북한 GNP 향상

남한의 식품가공 산업과 비닐하우스 농사 재배기술은 세계적인 수준입니다. 그럼에도 이 생산품들이 중국시장에 진출하는 것은 극히 제한적입니다. 가격경쟁력이라고 하는 큰 장벽이 있기 때문입니다. 그런데 북한계획경제와 합작하면 그 장벽이 사라집니다.

예를 들어, 중국에서 수입되는 목이버섯이 있습니다. 이마트에서 20그램에 1천 원 이상이니, 1킬로그램에 5만 원 이상 됩니다. 이 버섯은 죽은 참나무에서 수분 영양만 보충되면 계속 돋아나고 자라는 버섯인데 비닐하우스에서 재배해도 대량 생산할 수 있습니다.

그러나 이 버섯을 남한에서 재배하면 중국에 수출할 수가 없습니다. 가격경쟁력이라고 하는 장벽 때문입니다. 하지만 북한에서 재배생산하면 중국시장에서 충분한 경쟁력을 갖게 됩니다.

중국시장을 겨냥하여 정수기, 김치냉장고, 전기밥솥 같은 가전제품들도 북한에서 생산하여 중국에 수출하면 경쟁력이 더욱 높아지게 됩니다.

이처럼 남북의 경제 합작은 불가능한 것을 가능하게 하며, 중국의 거대한 소비시장을 무차별적으로 공략할 수 있는 길이 열립니다. 따라서 북한경제는 초고속 성장을 하여, 3년 내에 GNP가 1만 달러 수준에 이를 것입니다.

북한이 그렇게 초고속 경제성장을 할 수 있는 것은 다음과 같은 조건들 때문입니다.

첫째, 남한의 기술 및 자본력이 투자—수혈되면 언제든 벌떡 일어설 수 있는 영토와 공장, 싼 인력시장이 갖춰져 있습니다.

둘째, 북한을 총괄 일률적으로 움직일 수 있는 통치력이 있습니다.

셋째, 중국이라고 하는 거대한 소비시장이 있습니다.

그리고 풍부한 지하자원, 관광자원, 교통수단 등이 있습니다. 또한 북핵문제 해결을 위한 6자 회담을 통해 초고속 경제성장을 할 수 있는 시스템을 얻게 될 것입니다. 이런 조건들로 인해 북한경제는 초고속성장을 하고, 3년 내에 국민소득 1만 달러 시대를 열 수 있습니다. 이는 북한 주민들이 소원대로 이밥에 고깃국을 실컷 먹게 된다는 말과 같습니다.

북한의 성장은 남한에 3배 이상의 이득을 주게 되어, 북한의 GNP가 1만 달러에 이르면 남한의 GNP는 5만 달러를 초과하게 될 것입니다. 그래서 남북의 경제 협력 수익은 매년 1,000조 원 이상에 달하게 될 것입니다. 이처럼 북한을 기회의 땅으로 만드는 것은 곧 남한의 미래 대안이 됩니다.

통일비용 부담에서의 해방

만약 2030년 남북 통일이 된다고 하면 통일 전 20년, 통일 후 10년 간 총 813조~2,836조 원이 소요된다는 연구 결과가 있습니다.

통일부가 발주한 '남북공동체 기반조성사업' 정책분야의 민간 연구팀은 지난 10월 7일 오후 서울 한국 프레스센터에서 이 같은 내용을 골자로 하는 연구용역 결과를 발표한 것입니다. 그러나 제가 밝힌 남북경협 시스템을 가동하면 통일부가 연구 발표한 통일 부담금이 필요 없게 됩니다. 오히려 그 부담금 이상의 엄청난 수익을 창출하게 될 것입니다.

한반도의 통일은 두 가지 방법이 있습니다.

그 첫 번째 방법은 통일부가 발표한 대로 813조~2,836조 원의 엄청난 부담을 지고 통일하는 것이고, 두 번째 방법은 그 반대로 북한을 기회의 땅으로 만들어 3만6,000조 이상의 수익을 창출하며 통일하는 방법입니다.

여기에 통일비용 부담 예산까지 합치면, 30년간 4만조 원에 달하는 엄청난 이익이 발생하는 것과 같습니다(이 액수는 남북한 경제협력 수익을 합산한 것입니다).

따라서 이제 대한민국은 선택하여야 합니다. 간단히 말하자면 빚지고 통일할 것인지, 아니면 돈을 벌면서 통일할 것인가를 선택해야 합니다.

북한식 개혁, 개방

박희태 국회의장이 중국 리커창 부총리에게 '북한을 중국식으로 개혁 개방할 수 있도록 안내하고 설득해 달라'고 한 것은 매우 위험한 제안입니다. 북한을 중국식으로 개혁, 개방하면 북한 인민들은 엄청난 문화적 충격을 받게 되어 북한 사회는 큰 혼란에 빠지게 될 것이기 때문입니다.

북한을 중국식으로 개방시킨다는 것은 빗장을 완전히 푼다는 것인데, 그로 인한 집단탈출은 수백만 명으로까지 이어질 것이고 이는 곧

바로 한국사회의 큰 부담이 됩니다. 또 그 혼란을 틈타 걷잡을 수 없는 소요가 발생하면 수많은 생명이 희생될 수 있습니다.

그리고 그 소요를 해결한다는 명목으로 중공군이 들어올 것이고, 중국의 시나리오에 의한 친중 정권이 생기게 될 것입니다. 그렇게 중국이 북한의 대주주가 되면 남한은 끼어들 틈조차 잃게 됩니다. 그러므로 북한의 개혁 개방은 중국식이 아니라 북한식으로 해야 합니다.

앞서 말씀드린 대로 북한 주민들과의 문화적 충돌을 막을 수 있는 시스템으로 부분적 개방을 하고 간접—점진적 개혁을 해야 한다는 것입니다. 즉, 북한의 독특한 사회제도에 맞는 개혁 개방을 해야 합니다.

주변국들을 연결하는 철도를 개방하고 관광, 쇼핑, 자유무역 경제 특구를 만들며 북한의 계획경제와 남한의 시장경제를 접목, 합작하는 것이 바로 북한식 개혁 개방입니다. 그러면 중국의 거대한 소비시장을 비롯한 국제시장까지도 정복할 수 있는 엄청난 힘을 갖게 됩니다. 아울러 북한에 다음과 같은 비전을 제시해야 합니다.

"김일성주석은 생전에 경제봉쇄에 갇혀 질식될 것이 아니라 맞받아 나가야 한다고 했는데 비로소 그 힘을 갖게 될 것이다. 자기 땅을 딛고 세상을 보라는 김정일위원장의 사상이 실현되는 것이다. 따라서 북한 주민들의 자긍심도 한껏 고무될 것이다. 북한은 핵개발을 포기하는 대신 진정 핵무기보다 더 위대한 힘을 갖게 될 것이다."

이처럼 북한이 감동할 수 있는 비전을 제시하고 그들 스스로가 변화되게 해야 합니다. 진정 북한의 안정적 개혁 개방은 남한의 GNP를 5만 달러로 향상시키는 재도약의 기회가 될 것입니다.

북한의 핵개발 역사

　1945년 8월 소련공산당 서기장 스탈린은 붉은 군대를 북한에 진격시키며 지질탐사대도 함께 파견하여 북한 전 지역에 대한 지질조사를 시켰다. 그리고 북한에 우라늄이 대량 매장되었다는 사실을 알게 되었다. 그것도 세계 최고 수준이었다.

　평안남도 순천 지방에 매장된 우라늄은 석회석 속에 0.6% 함유되어 있는 반면에 황해도 평산, 금천 지방에 매장된 우라늄은 석탄 속에 0.8% 함유되어 있었다. 그것을 알지 못하는 평산, 금천지구의 주민들은 그 우라늄광석을 땔감으로 사용하고 있었다. 소련 지질탐사대는 그 사실을 알고 미개하다며 혀를 내둘렀다.

　김일성은 우라늄광석 매장에 대한 보고를 받고 크게 흥분했다. 일본을 굴복시킨 원자탄을 만들 수 있다는 생각 때문이었다. 그후 소련과 북한은 우라늄광석을 통한 거래를 시작하게 되었다.

　즉, 북한은 소련의 핵개발 완성에 필요한 우라늄광석을 수년간 대량 제공하고 그 대가로 탱크, 대포, 중－경기관총 등의 많은 무기들을 제공 받았을 뿐만 아니라 스탈린으로부터 6·25전쟁에 대한 동의까지 얻게 된 것이다.

1947년 1월 25일 소련 소비에트 정권과 북조선 인민위원회 사이에 무기인도에 대한 협정이 체결되었다. 그 협약에 따라 소련은 소총, 기관단총(따발총으로도 불림), 경기관총, 중기관총, 박격포 등을 북한에 판매하고, 북한은 그 대가로 2만 5천 톤의 우라늄을 소련에 제공하기로 했다.

1947년 3월 북한은 전국에 소련 유학생들을 모집한다는 광고를 냈다. 김일성은 소련의 선진 과학기술을 받아들여, 핵개발 및 무기산업을 발전시키기 위한 기술인재 육성을 위해 유학생 모집을 시작한 것이다.

전국에서 온 유학 지망생들은 평양시 대성구역 룡남동에 있는 김일성종합대학 맞은 편에 설치한 유학생 강습소에서 외국어 수학 등의 시험을 치렀다. 시험에서 합격한 지망생들은 6개월간의 강습을 받고 소련으로 유학갈 수 있었다.

북한의 핵개발을 주도한 서상국, 최학근, 박관오들은 이곳을 거쳐 소련 유학을 다녀왔고 월북 과학자들인 한인석, 정근 등도 그랬다.

그 시기 서울 경성대학 이공학부 교수로 재직하던 도상록 박사가 월북하였다. 일본 도쿄대학에서 물리학을 전공한 도상록 박사는 '헬륨 수소 분자의 양자역학 취급' '수소 가스의 양자역학적 이론'란 논문들을 써서 미국 학술지에 발표한 유능한 학자이다. 훗날 북한 핵과학 아버지가 된 그가 월북하게 된 배경은 다음과 같다.

해방 후 도상록 박사는 서울 경성대학 이공학부 교수로 재직하면서 양자물리학계의 권위로 학생들의 존경을 받았다. 국대안 파동(국립 서울대학교 설립안 반대시위) 때 그는 교수회에서 결정하여 학생 데모 비용으로 쓴 돈에 대해 책임지라는 압력을 받았다. 정부와 결탁한 학무부에서는 그에게 모든 책임을 뒤집어씌우려고 음모를 꾸미고 있었다. 결국 그는 공금횡령이라는 누명을 쓰고 파면을 당했고 경성대학을 비롯한 사회 각 방면에 큰 물의를 일으켰다. 경성대학 교수들이 들고 일어나 학무부에 전말을 상세히 해명하며 도상록 교수에 대한 파면을 재고해 줄 것을 강력하게 요구하였다. 학무부에서는 교수들의 해명과 요구를 받아들이기로 했는데, 돌연 경기도 경찰부에서 도상록 교수를 체포 구금시켰다. (자유신문 1946년 6월 7일자 기사)

그날 경성대학 교수단에서 아래의 내용으로 성명을 발표하였다.

'도 교수의 혐의란 교수회에서 선출된 반탁투쟁위원회의 결정에 따라 학생 데모에 경비를 지급한 일이다. 하지만 이태규 이공학부장은 부장에게 보고 없이 임의로 유용한 것이라 주장했고, 도상록 교수는 부장에게 보고한 후에 지급했다고 주장하였다. 6월 19일, 경성대학 탁치문제 위원회 선전부에서 다음의 성명을 발표하였다. 금번 도 교수 파면 이유로 도 교수가 이태규 부장에게 사전 승인 없이 시민대회 참가비용을 사용하였다 하나 이것은 이태규 부장 개인의 주장이고 도 교수는 사전에 승인을 얻었다고 말한다. 설사 사전 승인이 없었다고 하더라도 1월 11일 이공학부 교수회에서 동 금액은 교수회에 이 부장에게서 일시 차용한 것으로 하자는 이 부장 의견대로 정식으로 결정된 것이다. 그럼에도 불구하고 하필 도 교수 일 인에게 처단이 내린 것은 우리로서는 도저히 이해할 수 없는 것이며, 더구나 일전에 도 교수는 경찰에 구금까지 되었다가 석방되었으니만치 우리는 조선의 이공학

재건을 위하여, 도 교수의 파면취소를 당로자에게 청원하는 동시에 금번 사건에 관한 항간의 불순한 유언이 시정되기를 기다린다.' (자유신문, 1946년 6월 20일자)

그렇게 도상록 박사가 억울한 누명을 쓰고 있을 때 김일성은 그에게 프러포즈를 하며 평양으로 불렀다. 그리고 도상록교수를 처음 만난 자리에서 말했다.

"이 나라를 드리겠습니다. 그러니 박사님의 나라로 만들어 보시오."

남한에서는 그에게 억울한 누명을 씌워 도둑으로 몰았는데 김일성은 나라를 주겠다는 것이었다. 김일성은 말로서만 아니라 실제로 그를 극진히 대해주었다. 북한의 국기인 인공기를 제작할 때도 김일성종합대학 물리수학부장으로 있던 그를 불러 자문을 구했다. 그 후 도상록 박사는 북한의 핵과학의 아버지가 되었다.

1947년 4월 소련공산당 서기장 스탈린은 전문가들을 북한에 파견하여, 북한과 공동으로 우라늄 매장량을 조사하고 우라늄광산을 개발했다. 따라서 채광된 우라늄 광석은 고스란히 소련으로 운반되어 핵개발을 가속화 시켰다. 당시 김일성은 소련에 우라늄 광석을 열심히 퍼 날랐다. 소련이 하루속히 핵무장에 성공해야 미국의 원자탄에 대한 핵억제력을 갖고 안정적으로 남침을 할 수 있기 때문이었다. 젊은 김일성에게는 무력통일에 대한 확고한 의지가 있었던 것이다.

1947년부터 1949년까지 북한에서 채광되어 소련으로 운반된 우라늄 광석은 9천 톤에 이른다. 소련은 그 우라늄 광석으로 핵개발을 다그쳐 핵실험을 하기에 이르렀다.

1948년 9월 북한은 평양공학대학(현 김책공업대학)을 설립하고 핵

동학 기술, 정밀기계학, 핵 전자공학 학부들을 설치하였다.

1949년 8월 29일 23시 57분 소련은 카자흐스탄의 사막에서 핵실험에 성공했다. 이는 미국이 나가사키에 투하한 플루토늄 핵폭탄과 흡사한 것으로, 소련이 1950년대 중반쯤에 가서야 핵개발에 성공할 것이라는 미국의 예상을 완전히 뒤집어 놓은 것이었다. 미 중앙정보국(CIA)는 정보 분석 보고서를 통해 소련의 핵무기 개발 성공 시기를 1953년 중반기라고 분석했던 것이다.

소련이 핵개발에 성공하며 미국의 핵무기 독점시대는 끝났다. 결국 북한에 매장된 우라늄이 미국의 핵무기 독점시대를 끝내는데 일조를 한 것이다.

1950년 3월 북한은 소련 정부로부터 받은 군수물자에 대한 대가로 우라늄 원광 15,000톤, 금 9톤, 은 40톤을 제공하였다.

1950년 4월 스탈린은 김일성을 모스크바에 불러 비밀 회담을 갖고 그의 남침계획을 승인하였다. 미국의 원자폭탄에 대한 핵 억제력을 가진 결과였다.

그해 5월 13일 김일성은 베이징을 방문하여 모택동을 만나 그 사실을 알리고 남침계획에 대한 중국의 지원을 요청하였다. 그렇게 김일성의 남침계획은 소련의 핵 억제력을 업고 이루어졌다.

1949년 10월 중국 심양에서 김일성과 모택동은 비밀 회담을 가진 후, 그해 12월부터 1950년 1월 말까지 중국 국내전쟁에 참전하였던 조선인부대 10여만 명을 극비리에 북조선으로 이송하고, 그들로 조선인민군 제4사단, 제5사단, 제6사단, 제12사단 등의 최정예 부대를 조직하여 남침 준비를 완료하였다.

1950년 3월 18일 스탈린은 김일성에게 다음과 같은 서한을 보냈다.

'지시한 분량의 납(우라늄)을 소련으로 보내겠다는 귀하의 지원에 감사합니다. 소련정부는 무기탄약과 기술설비 지원에 대한 귀하의 요청을 전적으로 수락합니다.'

'납'은 우라늄의 위장된 명칭인바, 이것은 러시아 옐친 정권이 구소련 극비문건 속에서 발견한 것을 공개한 것이다.

만소로프 전 북한 주재 소련대사의 논문 「북한 핵폭탄으로의 길」을 보면 '소련은 북한의 우라늄을 사용하여 1949년 8월 최초의 핵실험에 성공하고 미국에 대항하는 핵 대국의 위치를 확보했다. 김일성은 그 대가로 받은 무기로 1950년 6월에 38선을 넘어 한국전쟁을 일으켰다'고 증언했다.

당시 소련의 외교 전문은 다음과 같이 기술했다.

'스탈린 동지는 김일성에게 국제 환경이 한반도 통일에 더욱 적극적인 자세를 취할 수 있을 만큼 충분히 변했다는 점을 확인해주었다. (중략) 중국은 소련과 동맹조약을 체결했기 때문에 미국은 아시아 공산주의에 도전하는 것을 더욱 주저하게 될 것이다. 미국에서 오는 정보는 이러한 전망을 뒷받침해준다. 승리의 분위기는 간섭받지 않을 것이다. 이러한 분위기는 소련이 원자폭탄을 갖고 있고, 우리의 입장이 평양과 더욱 밀접해지고 있는 사실로 인해 더욱 고조되고 있다.'

1950년 6월 초, 김일성은 전쟁을 일으키기 전에 인민군 정찰부장 리학문을 서울에 파견하여 서울대 공과대학장 이승기 박사를 데려오라고 지시했다. 전쟁을 일으키기 전에 핵개발을 위한 인재를 확보하기 위해서였다. 하지만 이승기 박사는 움직이지 않았다.

북한에서 친일파들을 완전히 청산했다고 하는데 일본에서 유학한 자신도 북에 가면 그 청산대상이 될 것 같아서였다. 6·25전쟁이 일어나고 리학문이 이승기박사의 신변을 확보하고 계속 설득했지만 그는 움직이지 않았다. 그래서 김일성은 산업성 부상 이종옥을 파견하였다. 그는 6·25 때 조선실록을 북한에 가져간 장본인으로서 훗날 부주석까지 지내며 김일성의 절대적인 신임을 받은 인물이었다.

이승기 박사는 그에게 설득되어 1950년 7월 30일 기차를 타고 서울을 떠나 평양으로 갔다.

1950년 11월 30일 트루먼 대통령은 기자회견에서 북한에 원자폭탄 사용을 언급하였다.

1950년 12월 9일 맥아더는 원자폭탄 사용을 위한 사령관 결정권을 요청하였다.

1950년 12월 24일 맥아더는 향후 60년 동안 북쪽으로부터의 침략을 방지하기 위한 34개의 원자폭탄 벨트 제작을 건의하는 목록을 작성하여 국방부에 보냈다.

1951년 2월 미 육군참모총장 콜린스는 한 언론과의 인터뷰에서 말했다.

"육군이 곧 이용 가능한 핵폭탄을 갖게 될 것이다."

그 전략핵무기는 한반도에 대량 배치되었다.

1952년 4월 22일 미국은 네바다 주 사막에서 공개 핵실험을 하였다.

1952년 여름 미국은 원자탄을 발사할 수 있는 로켓(전술핵무기) 개발에 성공하였다.

1952년 10월 북한은 조선과학원을 설립하고, 그해 12월에 조선과학원 산하에 원자력연구소를 설립하였다. 김일성은 전쟁 중에도 내각 교육성에 지시하여 전선에 나가 있는 인재들을 불러들여 소련으로 유학을 보내 핵개발 인재들을 키우기도 했다.

1953년 2월 11일 미국 백악관 국가안전보장회의에서 북한 개성지방에 대한 핵무기 사용을 심도 있게 논의하였다.

1953년 5월 13일 국가안전보장회의에서 브래들리(Bradley)와 헐(Hull) 장군은 한반도의 종전을 위한 원자폭탄 사용을 제안함에 따라, 아이젠하워 대통령은 원자폭탄이 기존의 무기들보다 효과적일 것이라고 강조하였다.

1953년 7월 27일 한국전쟁 정전협정이 체결되었다. 다행히도 이 땅에서 핵폭탄이 터지지 않고 전쟁이 멈춘 것이다.

1955년 4월 조선과학원은 원자 및 핵물리학연구소 설립을 결정하였다.

1955년 6월 조선과학원대표단은 동유럽 과학 회의에 참석하여 핵에너지의 평화적 사용에 대한 토론을 하였다.

1956년 2월 북한은 소련 듀브나에 위치한 합동 핵연구소 설립 협정과 헌장에 사인하였다.

1956년 9월 3일 미국은 남한에 전술핵무기 기지를 설치한다고 공표하였다. 북한이 우려하던 일이 현실로 다가온 것이다. 극도의 불안을 느낀 김일성은 소련에 도움을 청했다. 그 후 조-소 공동 핵개발 협정을 맺고 소련의 최대 핵개발 연구기관인 듀브나 연구소에 수십 명의 연구진을 파견하였다. 그 시기는 미-소 냉전체제로 국제 패권을 두고 두 나라가 다투던 시기였으므로 소련은 동맹국들에게 적극적인 지원을 아끼지 않았다. 북한은 해마다 수십 명씩 소련 듀브나 연구소에 파견하여 핵개발을 위한 기술 인력을 갖추었다.

1957년 6월 21일 미군은 남한에 전술핵무기를 들여오기 시작하였다. 최신형 제트기들도 이 땅에 들어와 실전 배치되었다.

1958년 1월 28일 미군은 280미리 핵탄두포와 지대지 미사일 어네스트 존을 남한에 배치하였다. 따라서 주한미군 제7보병사단을 핵전쟁에 대비한 팬토믹(Pentomic) 사단으로 개편하였다. 팬토믹 사단은 핵전쟁을 대비하여 18개의 핵무기 체제를 갖추었는데, 155미리 곡사포 12문, 8인치 곡사포 4문, 어네스트 존 미사일 발사장치 2기로 구성된 전술 핵 사단이었다.

1959년 1월 29일 유엔군사령부는 남한에 배치된 핵무기를 공개하였다. 미국이 원래 동북아 핵전략의 발판으로 자리 잡은 곳은 일본이었다. 일본에 핵무기를 저장해 두었다가 유사시 동북아에 핵우산을 제공한다는 전략이었는데, 이는 1951년에 체결된 미ー일 안보조약에 의거하여 일본정부의 허락 없이도 미국 독단으로 실행할 수 있었다. 미국의 동북아 핵전략은 1950년대 후반부터 일본 내에 벌어진 전 국민적 '반핵운동'이라는 암초에 부딪치게 되었다. 한편 이승만 정부는 미국의 핵무기 수용을 간절히 원했다.

1957년 한국 정부의 열렬한 환영 속에 일본 내 9개의 미군기지에 분산 배치되어 있던 핵무기들이 한반도로 넘어왔다. 남한의 핵 기지와 제7함대가 보유한 핵무기 정도라면 동북아시아에 핵우산을 제공할 수 있을 거라는 미국의 전략적 계산에 의해서였다.

그에 김일성은 당황하지 않을 수가 없었다. 그래서 '한반도 비핵화

선언'을 하자며 끊임없이 이를 주장하고 나섰다. 그러나 남한정부와 미국은 북한의 주장에 코웃음 치며 들으려하지 않았다. 북한이 남침하면 즉각 핵무기를 사용한다는 의지에서였다.

1959년 7월 이승만 대통령은 한국이 원자탄을 만들어야 북한을 토벌하고 통일할 수 있다며 서울대에 핵공학과를 신설하였다(이승만 대통령이 하야한 후 서울대 핵공학과는 원자력과로 바뀌었음). 1959년 미군은 한국에 마타도어(Martardor)크루즈 미사일 1개 중대를 배치하였다. 마타도어의 사정거리는 1,100킬로미터로서 북한을 넘어 중국과 소련을 겨냥한 것이었다. 한반도가 미국의 군사전략에 의해 핵무기 전초기지가 된 것이다.

1959년 9월 북한과 소련은 '조―소 간 원자력의 평화적 이용에 관한 협정'을 체결하고 소련과 공식적인 원자력 협력 체제를 구축했다.

1959년 9월 북한은 중국과도 원자력 협력협정을 체결하였다.

북한은 전후 복구건설이 완료된 1960년을 완충기해라고 하는데, 그후에 제일 먼저 한 일이 영변 핵단지를 조성하는 사업이었다. 그리고 김일성은 소련 듀브나 핵연구소에서 근무하던 최학근을 불러들여 영변 핵연구소 소장으로 임명하였다.

최학근은 김일성의 가문과 악연이 있는 사람이기도 했다. 김일성에게 독립운동 동지이기도 했던 김형권이라는 삼촌이 있었다. 그는 1931년 풍산군 파발리 주재소를 습격하여 일본 순사부장 미쯔야마를 사살하고 일본 경찰의 추격을 받게 되었다. 그는 형님인 김형직과 친분이 있고, 독립군 총관을 지낸 최진팔이란 사람의 집을 찾아가 도움을 청했다. 그런데 그가 일본 경찰에 고발하여 김형권은 체포되었고

서울 서대문 형무소에서 옥사하였다. 최학근은 바로 그 변절자의 조
카였던 것이다.

하지만 김일성은 그를 버리지 않았다. 핵개발을 위해 그가 반드시
필요했기 때문이었다. 따라서 최학근은 남보다 더 열심히 일하며 성과
를 내기 위해 애썼다. 충성심을 인정받고 김일성의 은혜에 보답하기
위해서였다. 그 후 김일성이 최학근을 IAEA 본부에 파견한 것도 그의
남다른 충성심 때문이었다.

최학근은 역시 그 믿음에 보답했다. 그는 IAEA 도서관에서 세계 각
국의 원자로 설계도면 등, 원자력에 관련된 상세한 자료들을 모두 복
사해 북한에 넘긴 것이다.

1960년대에 들어와서도 미국의 핵무기는 계속해서 남한으로 들어
와 배치되었다.

1961년에는 사정거리 1,800킬로미터의 메이스(Mace) 미사일이 들
어왔다. 미국이 소련을 목표로 터키에 주피터와 토르 중거리 핵미사일
을 실전 배치한 것처럼, 남한에 배치시킨 핵무기도 소련과 중국을 노
리고 있었다.

1961년 9월 11일부터 18일 사이 평양에서 열린 조선노동당 제4차
대회에서, 도상록 박사는 핵연구와 핵전문가 양성 필요성을 강조하였
다.

1963년 자강도 강계 국방대학에 원자력 공학과를 설립하였다.

1962년 1월 북한은 소련의 지원으로 IRT−2000 원자로(제1연구용
원자로) 건설에 착수하여 1965년 8월 15일에 최초 임계에 성공했다.
소련의 기술자들도 북한에 들어와 IRT−2000 원자로 건설과 운전가동

에 필요한 제반기술을 이전해 주었다. 그리하여 소련 기술자들이 철수하자마자 북한은 곧바로 원자로를 가동할 수 있게 되었다. 초기의 열 출력은 2,000킬로와트였으나 북한이 독자적으로 개량에 성공하여, 80% 농축 우라늄 연료를 쓰며 열 출력은 8,000킬로와트에 달하는 원자로가 되었다.

북한은 거듭되는 연구와 축적된 경험으로 애초 2MW급이었던 IRT-2000 원자로를 5MW로 확장하였고, 궁극에 가서는 7MW급으로 발전시키게 되었다.

1964년 10월 중국이 1차 핵실험에 성공한 후, 김일성은 중국을 방문하여 모택동을 만나 핵개발 협력에 관한 도움을 청했다. 그때 모택동은 "중국은 인구도 많고, 국가도 크다. 체면이 필요하다. 그래서 핵개발을 했다. 조선이 거기까지 할 필요가 있는가?" 하며 인민해방군 관계 책임자를 불러 "이번 핵실험에 든 비용은 얼마인가?" 하고 물었다. 그에 그 책임자가 귓속말로 전하려 하자 모택동은 "김일성 동지 앞이라면 문제가 없다. 말해라"고 지시했다. 이어 그 책임자가 밝힌 비용은 '20억 달러'로 그 시기에 열린 도쿄올림픽의 개최 비용이었던 28억 달러에 맞먹는 거액이었다. 당시의 북한으로선 감당할 수 없을 만큼 막대한 비용이었다. 모택동은 그 사실을 알려 김일성의 제의를 사양한 것이다.

1964년 중국이 핵실험에 성공하면서 미국의 불안은 더욱 커졌다. 핵무기 보유에 성공한 중국이 미국의 눈치를 볼 필요가 없이 한반도에 개입할 수 있다는 것 때문이었다. 괌에 B-52 핵폭격기를 배치하고, 전략핵 잠수함인 폴라리스를 실전 배치하여 아시아에 대한 핵전력을 강화한 것은 그 불안에서 비롯된 것이었다.

1972년 김일성은 원자력 반도체, 전자 부문의 발전과 연구를 지시하였다. 그리하여 평안북도 박천군 맹중리에 108 연구소가 생겨났다.

1972년 남한은 프랑스와 손을 잡고 핵무기 개발과 관련된 재처리 장비와 기술 확보를 위해 나섰는데 남한이 선택한 핵폭탄은 플루토늄을 원료로 한 핵폭탄이었다. 그에 따라 박정희 전 대통령은 플루토늄 제조용 재처리 공장 건설에 모든 역량을 집중시켰다. 미국과 캐나다에 근무하는 한국인 핵과학자, 전문가들을 은밀히 포섭하며 해외에서 핵무기 개발에 필요한 장비들을 도입하기도 했다.

1974년에 이르러 남한은 연 20kg의 플루토늄을 생산할 수 있는 공장 기술 설계도를 완성하고, 히로시마에 떨어뜨린 원자폭탄 2개를 만들 수준의 플루토늄을 확보할 수 있는 기술을 가지게 되었다.

1972년 11월 30일 북한은 국제원자력기구(IAEA) 가입을 추진하며 박관오 원자력위원회 위원장 대리 명의로 아래 내용의 서한을 보냈다.

"조선민주주의인민공화국은 평화적인 원자력 에너지 개발을 위해 국제원자력기구(IAEA) 가입을 희망합니다. 아울러 시험원자로 이엘떼(ERT)에 쓸 핵연료봉 30개(우라늄 235, 무게 5천130 g)를 소련에서 수입하게 되는 것과 관련하여 IAEA의 해당 절차를 준수할 용의가 있습니다."

1972년 12월 13일 IAEA 사무차장 홀(Hall)은 오스트리아 주한 대사 이성가를 불러 말했다.

"북한으로부터 이런 서신을 받은 것은 처음입니다. 그 의도를 아직 파악할 수 없지만 북한이 한국보다 먼저 핵확산금지조약(NPT)에 가입할 가능성이 있습니다. 그러니 한국 측이 이번 기회에 NPT에 가입하는 것이 좋겠습니다."

한국 외무부 장관 김용식은 북한이 국제원자력기구 가입을 추진한다는 보고 받고 이성가 대사에게 정부차원의 지시를 전달했다.

'북한 측의 IAEA 가입을 저지하기 위해 IAEA 사무국 당국과 접촉하여 그 결과를 수시 보고하고, IAEA 사무국 측의 북한에 대한 답신 내용이 어떤 것이 될지에 대해서도 가능하면 조용한 방법으로 타진해서 보고하라.'

정부의 지시에 따라 이 대사는 IAEA 사무국을 찾아갔다. 그때 사무차장 홀이 말했다.

"북한 측에 NPT 가입 의사 및 안전조치 적용 의사를 타진하는 서한을 보냈습니다. 만일 북한이 먼저 NPT에 가입하고 전격 비준하면, 앞으로 북한의 IAEA 가입을 한국 측이 저지하거나 활동을 하는 데 다소 난처한 입장이 될 것인 만큼 북한보다 먼저 NPT에 가입하는 것이 좋겠습니다."

1973년 1월10일 당시 과학기술처는 외무부에 아래 내용으로 공문을 보냈다.

'북한이 IAEA에 가입하면 IAEA 내부에서 북한과의 경쟁이 불가피할 것입니다. 또한 북한이 IAEA 통제를 받게 됨에 따라 북한 자체 핵무기 개발 위험성이 줄어들 수도 있습니다. 아울러 가능하면 북한의 IAEA 가입을 저지하는 것이 좋겠습니다.'

이처럼 한국 정부는 북한의 IAEA 가입을 은밀히 저지하려고 시도했다. 하지만 북한은 1974년 9월 16일 국제원자력(IAEA)에 가입했다.

그리고 IAEA 도서관에서 세계 각국의 원자로 설계도면 등, 원자력에 관련된 상세한 자료들을 모두 복사해 가져간 것이다.

1973년 김일성종합대학에 핵물리학과가 개설되고 김책공업대학에 핵전기공학과, 핵연료공학과, 원자로공학과가 개설되었다.

1974년 3월 최고인민회의 제5기 3차 회의에서 원자력법을 제정하도록 결정하였다.

1974년 9월 16일 북한이 IAEA 국제원자력기구에 가입하였다.

1975년 최학근을 IAEA 본부에 북한 영사로 임명하고 파견하였다.

1974년 11월 주한 미 대사관은 본국에 보낸 1급 기밀 정보에서 한국이 핵무기 개발 첫 단계를 추진 중이라고 보고하였다.

1975년 2월 말경, 미국의 정보기관은 '한국은 향후 10년 안에 핵무기와 미사일을 개발할 수 있다'라고 평가했다. 그에 따라 미국은 한국에 대한 대응책으로 전진 배치 되어있던 핵무기를 후방인 군산 미공군 기지에 있는 저장시설로 이동 배치했다.

1976년에 들어와 미 국방장관 도널드 럼스펠드, 주한미 대사인 스나이더, 국무부 동아시아 태평양 차관보 하비브 등은 한국정부에 '핵무기 개발을 강행할 경우 안보 및 경제 협력관계를 포함해 한국과의 모든 관계를 재검토 할 것'이라고 전방위적인 압력을 행사했다.

그에 따라 박정희 전 대통령은 핵 프로그램을 중단하였다. 하지만 핵무기 개발 계획을 완전히 포기한 것은 아니었다. 그는 극비리에 핵무기 개발팀을 한국핵연료개발공사에 흡수시키고 원자로에 쓸 핵연료봉을 제조하라는 지시를 내렸다.

1977년 5월 카터 행정부는 정책적으로 '주한미군 철수'를 공식화했다. 미국의 철군계획에 따르면 1978년 제2보병사단의 1개 여단 6,000 명을 즉각 철수하고, 1980년 6월말까지 두 번째 여단과 모든 비전투 병력을 철수한다는 것이었다. 그리고 잔여 병력과 미군사령부, 핵무기의 완전 철수는 1982년도까지 완료하는 것으로 되어 있었다.

한국정부는 군사원조의 증액과 전술핵무기에 대한 남한 잔류를 간절히 요구하였지만 미국은 단호히 거부했다. 당시 남한에 배치된 미군 핵무기의 총 수량은 250기로서, 절정기 때 700기에 이르렀던 것에 비하면 그 양이 3분의 1정도로 줄어든 수량이었다.

1978년에 들어와 박정희 전 대통령은 미국에 국가안보를 전적으로 의존하기 어렵다는 판단으로 핵개발 프로젝트를 재가동하였다. 프랑스와 핵개발 시설에 대한 협상도 다시 시작하였다. 1979년 1월 박정희 전 대통령은 청와대 공보비서관인 선우련에게 "1981년 상반기 중 핵무기 제조를 완료할 수 있다"라고 하였다. 당시 박정희 전 대통령은 1981년 국군의 날 행사 때 이 핵무기를 대외에 공개하고 대통령직을 사임하겠다는 의견을 밝히기도 하였다. 하지만 그는 그 뜻을 이루지 못하고 그해 10월 26일에 암살되었다.

그 시기 북한은 김정일위원장이 후계자로 등장하면서 핵개발에 대한 강한 의지를 나타냈다.

"수령님대에 핵개발을 완성하려고 합니다. 이는 나의 단호한 결심입니다."

그 의지에 따라 북한의 핵개발은 1980년데 들어서면서 본격화되었다.

1982년에 5MWe 원자로 건설과 함께 원자력주체화가 시작되었고,

그에 따라 구소련과 합작했던 흑연생산 공장을 우라늄생산 공장으로 전환하였다. 그리고 핵연료봉 생산 공장도 새로 건설되었다. 플루토늄을 추출할 수 있는 재처리시설(12월기업소－방사화학실험실)도 그 즈음에 생겨났다.

1983년부터 우라늄 농축의 주체화를 시도하기 시작했다.

1984년 10월 김정일위원장의 특별지시로 전방 군단(1군단, 2군단, 5군단)들에서 사관들을 모집하여 핵개발부대를 조직하였다. 초기에 1248군부대, 1249군부대를 조직하였다(나는 1248군부대에 소속되었다). 그후 핵개발부대인 공병 3국에 흡수되었다.

1985년 철도 복선공사를 위해 조직했던 공병 3국을 핵개발부대로 전환하였다. 김정일위원장은 핵개발의 최고사령관이 되겠다고 자처하며 핵개발부대는 자신의 친위대라고 명명하였다. 그리고 그 핵개발부대를 중앙당 131지도국에 소속시켰다. 북한에서 노동당에 소속된 군대는 그 핵개발부대가 유일무이하다. 전 세계적으로도 역시 당에 소속된 군대는 그 핵개발부대가 유일무이하다. 그 즈음 평양에서 김일성주석과 김정일위원장의 지하요새를 건설했던 공병 1여단도 핵개발부대로 전환되어, 평안북도 대관군 청계리 천마산 지하핵시설 건설에 동원되었다.

1985년 8월 5일 핵개발에 동원되었던 1248군부대, 1249군부대에서 400명을 제대시켜, 영변 핵단지 8월기업소(핵연료봉 생산 공장)에 300명, 4월기업소(우라늄생산 공장)에 100명을 배치하여 생산인력을 충당하였다.

1985년 11월 핵개발부대 48여단은 영변 핵단지에서 50MWe 원자로 건설을 착공하였다.

1985년 12월 12일 북한은 핵방지조약기구 NPT 가입하였다.

1986년 5MWe 원자로 가동에 성공하였다.

그해 전국 전문대학들에서 300명의 졸업생들을 모집하여 재처리시설인 12월기업소(방사화학실험실) 생산인력을 충당하였다.

1987년 김일성주석은 북한의 핵개발에서 가장 큰 성과는 우라늄 농축기를 주체화한 것이라고 높이 평가했다. 그해 폐연료봉 재처리실험(플루토늄 추출실험) 과정에 생기는 맹독성 가스와 방사능 피해로 관련 과학자들과 기술자들이 쓰러져 평양시 남산 진료소(최고위층 전용병원)에 후송되어 3개월간 치료를 받았다.

1987년 9월 4월기업소(우라늄생산 공장)에서 100여 명의 기능공들을 평산 지구에 대규모로 건설 중인 우라늄생산 공장(남천화학공장)으로 소환하였다.

1988년 10월 황해북도 평산 지구에서 우라늄 광산을 개발 확장한 49여단은 평안북도 대관군 청계리, 금창리 일대의 지하 핵시설 공사에 투입되었다. 좀 더 구체적으로 설명한다면 1985년에 이미 49여단의 기본 주력이 금창리, 청계리 일대의 지하 핵 시설 공사에 투입되었고, 평산 지구에 투입되었던 일부 부대가 그곳에서 우라늄 광산 개발 및 확장 공사를 완료하고 다시 자기 여단으로 복귀한 것이다.

1989년 초 김일성주석과, 김정일위원장이 영변 핵단지를 방문해 플루토늄 추출 성공을 높이 치하 하였다(구소련에서 밀수한 붉은 수은으로 플루토늄을 추출함).

김정일위원장은 전병호 비서에서 관련 과학자들에게 최고의 선물을 주라고 지시하여, 일본에서 도시바 칼라 TV를 수입하여 선물하였다. 간접 분야의 우수자들에게는 북한산 대동강 TV를 선물했는데 본인은 북한산 대동강 TV를 받았다.

1989년 9월 프랑스의 상업위성 SPOT 2호의 촬영에 의해 영변 핵단지의 재처리 시설이 전 세계에 공개되었다.

1989년 11월 영변 핵단지의 5MWe 원자로가 100일간 가동을 정지하게 되므로, 미국정보기관은 그때 정지된 원전에서 플루토늄을 추출했을 것으로 예상했다. 1990년 북한이 IAEA에 신고한 내용을 보면 단 1회의 재처리를 통해 80그램의 플루토늄을 재처리했다고 주장했다. 그러나 IAEA가 방사화학실험에서 채취된 샘플을 정밀 조사한 바에 따르면 최소한 3회(1989년, 1990년, 1991년)에 걸쳐 총 8Kg의 플루토늄을 추출한 것으로 드러났다.

1989년에 평안북도 태천에서 200MWe 흑연감속원자로 건설에 착공하였다.

1990년 6월 20일 황해북도 평산지구 남천화학연합기업소 화학공장(우라늄생산 공장)이 조업하여, 월 7톤 정도의 우라늄을 생산하기 시작하였다.

1990년 6월 21일 미국 카네기 평화연구소는 미국이 한국 군산 공군기지에 F-16 폭격기에 실을 수 있는 핵무기 60개를 보유하고 있다고 밝혔다. 그리고 미국이 핵 지뢰 21개, 8인치 핵탄두포 40대, 155밀리 핵탄두포 30대, 핵탄두가 장착된 랜스 미사일 20개를 대한민국에 배치했다고 밝혔다.

1990년 7월 30일 미국 정부 관계자는 IAEA 협정체결의 조건으로 미국이 한국에서 핵무기를 철수시키라는 북한의 요청을 거절했다고 밝혔다.

1990년 9월 26일 김일성주석은 북한이 IAEA 핵사찰을 받을 경우 남한도 핵사찰을 받아야 한다고 주장했다.

1990년 10월 18일 소련은 북한이 IAEA 안전조치 협정에 합의할 때까지 북한 원자력 발전소 건설에 필요한 모든 지원을 중단한다고 밝혔다. 1987년부터 북한은 소련과 합작하여 함경남도 신포 지구에 동해발전소라는 명칭으로 원자력 발전소 건설을 추진했었다. 하지만 그 후 중단되었다.

1990년 11월 2일 일본 외교부 대변인은 북한이 IAEA와 핵 시찰에 합의 했으나 미국의 핵 위협이 철회되지 않은 상태에서 핵 시찰은 현실적으로 불가능할 것으로 표명했다.

1990년 11월 16일 북한 외교부 성명은 한반도 비핵화와 미국의 핵 위협 철회 후에 IAEA 안전보장 협정에 합의할 것이라고 표명하며, 미국의 핵 위협 철회에 관해 문서로 된 보장을 요구했다. 그리고 주 유엔 대사는 IAEA 사찰 수락조건으로 주한미군 핵과 북한 핵 시설 동시사찰을 제의하였다.

1990년 12월 14일부터 17일 사이 노태우 전 대통령이 모스크바를 방문하고, 1991년 4월에 고르바초프 대통령 내외가 제주도를 방문함으로서 한국과 소련의 양국관계는 절정에 달했다. 아울러 소련에 대한 북한의 배신감도 초절정에 이르렀다.

결국 북한과 소련의 과학기술 교류협력도 끝나고 듀브나 핵연구소에서 북한 과학자들이 철수하였다. 그때 김정일위원장은 구소련의 핵과학자들과 미사일 전문가들까지 포섭하여 북한으로 데려올 것을 은밀히 지시하였다. 그리하여 듀브나 핵연구소에 파견되어 있던 북한의 과학자들은 구소련의 핵과학자들과 미사일 전문가들까지 포섭하여 북한으로 데려가는 역할을 활발히 진행하기도 했다.

1991년 10월 핵개발 부대 47여단에서 1개 대대를 조직하여 함경북도 화대군 무수단 핵미사일 기지 건설에 파견하였다. 그해 초에 군사건설국이 건설한 미사일 기지에서 첫 발사 시험이 있었고, 그 후 군사건설국이 철수하고 핵개발 부대인 47여단에서 1개 대대를 파견하여 핵미사일 공사를 시작한 것이다. 그곳은 한반도에서 일본 동경과 가장 가까운 거리에 있는 곳으로서 대일 전략기지이기도 하다.

그 시기 길주군 풍계리 일대에서 핵실험장 지하시설도 은밀히 진행되고 있었다.

1992년 1월 평산 지구 우라늄생산 공장이 가동을 멈추었다. 조업을 시작한지 1년 6개월 만에 가동을 멈춘 것이다.

우라늄생산에 첨가되는 항공석유와 탄산소다 등이 고갈되어 우라늄을 생산할 수가 없었다. 우라늄 광액을 운반하는 스텐관들도 다 닳아서 구멍이 났지만 그 관들을 제작할 스텐이 없었다. 일본에서 그 스텐 자재들을 수입하여 썼는데 핵개발자금이 다 떨어져 수입할 수가 없었다. 우라늄 광액을 퍼내는 펌프날개도 다 닳았지만 교체할 수가 없었다.

우라늄생산 시설은 우라늄 침출탱크, 우라늄 추출탱크, 우라늄폐기물처리탱크 등 많은 탱크들이 있는데, 그 탱크들의 내벽은 내산벽돌로 먼저 쌓고 그 바깥에 납을 씌우고 거기에 에폭수지를 바르는데 그 자재들도 없어서 보수공사가 중단되었다. 즉, 우라늄생산 시설의 탱크들을 해체해 놓은 상태에서 보수공사가 중단된 것이다.

우라늄광석을 운반해야할 트럭들의 타이어도 다 닳았지만 교체할 수가 없었다. 게다가 휘발유, 디젤유도 이미 떨어져 트럭들조차 모두 주저앉고 말았다.

북한경제가 붕괴되기 시작한 건 1987년 가을부터이다. 우선 전력부족으로 기차들이 도중에 서는 일들이 나타나기 시작했다. 가을철에 농촌에서 탈곡기도 제대로 돌릴 수 없는 어려움이 나타나기 시작했다. 지방 공장들도 전력부족으로 기계를 제대로 가동할 수 없었다. 그래서 김정일위원장의 지시로 교차 생산제가 도입되고, 밤에만 기계를 돌리는 공장과 낮에만 기계를 돌리는 공장들이 생겨났다.

원자재마저 떨어져 기계조차도 돌릴 수 없게 되자 노동자들은 산에 가서 싸리나무를 베어다가 광주리나 빗자루를 엮어서 시장에 내다 팔기도 했다. 무슨 일이든 하여야 했던 것이다.

북한 기계공업의 상징인 대안중기계공장도 가동을 멈추었다. 제철소, 제련소들도 가동을 멈추었다. 방직공장들도 천이 없어서 일체 가동을 멈추었다.

북한의 대표적인 남포 유리공장도 생산가동을 멈추었다. 유리생산에도 탄산소다가 첨가되는데 재료를 수입할 수 없기 때문이었다.

또 휘발유 디젤유마저 떨어지자, 대신 나무 숯을 태워서 달리는 트럭이 생겨나기 시작했다.

노동자들의 월급도 끊기고 주민들의 식량배급도 중단되기 시작했다. 군인들도 식량공급이 제대로 되지 않아 통강냉이를 삶아서 끼니를 해결하는 현상까지 나타났다. 미사일생산 공장도 가동을 멈추고 노동자들은 공장 시설들을 훔쳐다가 식량을 바꿔먹는 현상들이 나타나기 시작했다.

가정집들에도 전기가 공급되지 않아 등잔불을 켜기 시작했다. 평양시도 밤 10시 이후에는 전기공급이 중단되었다. 전기로 달리는 궤도전차도 끊기고 아파트 엘리베이터도 가동을 멈추었다.

1990년대에 들어서면서 지역주민들의 식량배급은 완전 중단되고 평양시만 겨우 50% 식량이 배급되었다. 그러자 지역주민들 사이에서 "전쟁나면 지금까지 잘 먹고 살아온 평양시만 싸워라"는 말이 나돌기도 했다.

그 열악한 환경 속에서도 핵개발 공장들은 정상가동을 하였다. 북한에서 최후의 보루로 살아남은 것이다. 하지만 1992년에 들어서면서 그 최후의 보루마저 무너져 내렸다.

우라늄생산이 전면 중단되면서 연쇄공정인 핵연료봉 생산도 중단되었다. 1985년 11월에 영변 핵단지에서 착공한 50MWe 흑연감속원자로 건설도 중단되었다. 1989년에 평안북도 태천에서 착공한 200MWe 흑연감속원자로 건설도 역시 중단되었다.

그 원자로 건설에 동원된 핵개발부대 군인들은 원자재가 없어 공사를 중단하고 농사에만 전념했다. 미국은 원자로 건설을 중단시키고 핵연료봉 생산을 동결시키는 목적으로 많은 경제적 지원을 약속하는 북미 제네바회담 협정서를 체결했는데, 이미 그 2년 전에 핵개발 시설들이 동결된 것이다.

평안북도 대관군 일대에 건설하던 지하핵시설 공사도 중단되었다.

함경북도 무수단 핵미사일 공사도 중단되었다. 그 일대에서 진행 중이던 핵실험장 공사도 중단되었다. 공사에 동원된 핵개발부대 군인들도 할 일이 없어지자 농군으로 전락하였다. 그 부대의 27살 이상 군인들은 제대하여 우라늄생산 공장으로 배치되어 왔다. 그렇게 우라늄생산 공장에는 북한 전역에서 진행되고 있는 핵개발정보들이 모여들었다.

그 후 영변 핵단지에서는 더 이상 핵개발을 할 수 없게 되자 노동자들에게 "떠나고 싶은 사람은 다 떠나도 좋다. 그리고 공장이 가동할 수 있게 되면 그 때에 다시 부르겠다"며 내보내기까지 하는 사태에 이르렀다. 또한 희천 38호 군수공장에서는 미사일 유도장치를 생산하려고 해도 외화가 없어서 못하는 형편이었다.

그 시기 동구권의 사회주의 진영이 몰락한데 이어 사회주의 종주국이던 구소련도 붕괴되고, 러시아는 제 살길을 찾기에 바빠 북한을 돌볼 여력이 없었다. 중국도 등소평의 주도로 개혁 개방에 박차를 가하던 시기여서 역시 북한을 살필 여유가 없었다. 미국의 대북 경제봉쇄조치는 북한의 경제를 완전히 몰락시킨데 이어, 북한의 마지막 보루이던 핵개발마저 동결시키기에 이르렀다.

북한의 핵개발을 평화적으로 해결하고 한반도를 통일할 수 있는 절호의 기회였다. 아울러 그와 같은 기회는 역사에 다시없을 것이다.

사실 1991년에 들어서면서 북한의 우라늄생산량은 급격히 줄어들었다. 우라늄생산에 필요한 항공석유, 탄산소다, 황산과 같은 첨가제들이 제대로 공급되지 않기 때문이었다. 또 우라늄광석을 운반해야할 트럭들의 절반 이상이 다 닳은 타이어를 교체하지 못해 주저앉았다. 거기에다 휘발유, 디젤유 공급도 대폭 줄었다.

710호 핵개발자금이 고갈되면서 나타난 어려움이었다. 우라늄생산 공장이 조업을 시작한지 1년도 되기 전에 난관에 부딪친 것이다. 핵개발부대 3공병국에서 진행하던 핵시설 건설들도 모두 중단위기에 처했다.

그때 김정일위원장의 6월 21일 친필지시가 있었다. 핵개발자금을 자체로 해결하라는 지시였다. 그에 따라 핵개발부대에 부흥무역회사가 생겨났다.

우라늄생산 공장의 직장들에서도 외화벌이 사업이 진행되었다. 내가 근무한 직장에서는 대회의실을 비우고 거기에서 누에를 쳤다. 우라늄생산이 멈추었을 때는 노동자들을 총동원하여 뽕잎을 따오게 했다. 또 누에를 관리할 수 있는 전문 인력도 따로 배치했다. 그리하여 1991년 한 해에 누에치기를 두 차례 했다.

그 외 황해북도 린산군 산골에 인력을 파견하여 목이버섯 재배도 하였다. 나는 직접 현장에 가서 목이버섯 재배를 지휘하였는데, 비가 온 다음날에는 죽은 참나무 가지에서 많은 목이버섯이 돋아나기도 했다. 하지만 그런 방법으로 우라늄생산 공장을 다시 돌리기에는 역부족이었다.

그해 1991년 말에 이르러 우라늄생산은 완전히 중단되었다.

핵개발 지도부는 대책회의를 거듭하고 나서, 바나듐을 수출해서 우라늄생산 공장을 다시 돌릴 수 있는 외화를 확보하기로 결정했다. 그리하여 1992년 1월부터 우라늄생산 공장은 바나듐생산에 총력을 기울였다. 그런데 미국의 경제봉쇄에 막혀 수출 판로를 찾을 수가 없었다.

핵개발총책인 전병호 비서는 남천화학연합기업소 자체 역량으로 핵개발자금을 확보할 수 있는 대책을 마련하라고 연합당 책임비서에게 지시했다. 연합당 책임비서 김주식과 연합기업소 지배인(그룹회장 오인현)은 그 적임자로 나를 추천했다. 우라늄생산 공장 조업을 앞두고 봉착했던 난제를 해결한 능력으로 우라늄생산 공장을 다시 돌릴 수 있는 외화를 확보하라는 것이었다.

그때 전병호 비서로부터 김정일위원장의 6월 21일 친필지시문을 받았다. 붉은색 책표지에 금박으로 "친애하는 지도자 김정일동지의 6월21일 친필지시문"이라고 쓰여져 있고, 그 안에는 710호 핵개발자금을 자체로 확보하라는 것과 전국 당, 군, 행정기관, 기업소들에서 710호 사업을 적극 협조하고 지원하는 것에 대한 지시가 기록되어 있었다.

나는 그 지시를 집행하다가 여기 남한에까지 왔다. 그리고 남한에 와서 그 생생한 정보를 제공하였지만 당시 남한의 보수정권에 의해 그 진실은 철저히 은폐되었다.

1994년 4월 27일 나는 대한민국 정부가 극비리에 파견한 군함을 타고 남한으로 와서, 북한의 핵개발이 이미 2년 전에 대부분 동결되었다는 정보를 제공하였다.

4월 29일 북한은 영변 핵단지 원자로에서 제거된 핵연료봉 샘플을 제공하지 않겠다는 서신을 IAEA에 전달하며 미국을 압박했다. 북한 핵개발에서 유일하게 살아남은 것이 그 원자로뿐이었는데 마지막 카드를 꺼내든 것이다.

5월 2일 미 국무부는 북한이 IAEA 사찰단이 부재인 상태에서 핵연료봉을 제거한다면 모든 형태의 대화를 중단할 것이라고 경고했다.

5월 3일 국제원자력기구가 영변 핵단지 원자로에 핵연료봉 재충전에 대한 IAEA의 시찰을 요구하는 서신을 북한에 전달하자, 북한은 외무성 대변인 성명을 통해 IAEA가 보낸 서신에 대한 거부 의사를 표명하며 미국과의 줄다리기를 시도했다.

5월 4일 북한은 5MWe 원자로에서 핵연료봉 무단인출을 시작하며 미국을 압박했다.

5월 9일 미국은 사찰단이 도착할 때까지 북한의 핵연료 재충전을 연기해 줄 것을 북-미 실무회담 (뉴욕)에 요청했다.

그날 서울 프레스센터에서 나의 기자회견이 있었다. 그 기자회견에서 밝혀졌어야 했다. 이미 2년 전에 북한에서 우라늄생산이 중단되었으며, 핵연료봉 생산까지 중단된 사실이 반드시 밝혀졌어야 했다. 그 외 북한의 핵개발이 이미 2년 전에 대부분 동결되었다는 사실도 밝혔어야 했다.

당시 북한의 자체기술로는 플루토늄추출도 제대로 할 수 없고, 정밀기술의 낙후로 핵실험조차도 할 수 없었다는 것도 밝혔어야 했다.

그러면 미국은 북한의 5MWe 원자로가 2년 전에 생산된 핵연료봉으로 간신히 가동하고 있고, 이제 얼마 버티지 못할 것이라는 것을 판단했을 것이다. 아울러 미국의 대북 경제봉쇄가 이미 성공했고 마지막 한 수만 남겨 놓고 있다는 것도 알았을 것이다. 그 판단은 미국의 대북 협상전략을 바꾸어 놓았을 것이고 한반도의 비핵화를 실현하는데 결정적 역할을 했을 것이다. 하지만 당시 남한의 보수정권은 미국이 그런 판단을 할 수 없도록 나의 입을 철저히 통제했다.

5월 20일 미국은 북-미 고위급회담 재개를 결정했다. 북한은 핵연료봉 압박 작전으로 미국을 고위급회담장으로 끌어내는데 비로소 성공한 것이다.

남한 보수정권에 의해 조작된 기자회견으로 인해, 북한의 핵개발이 이미 2년 전에 대부분 동결되었다는 사실이 철저히 은폐되었기 때문에 가능한 일이었다.

6월 24일 북－미간 실무접촉 및 고위급회담을 거쳐 제네바 기본합의문이 체결되었다.

북미 제네바회담 합의문의 기본내용은 북한의 핵개발을 동결시키는 대가로 매년 200만㎾ 전기를 생산할 수 있는 경수로 2기를 건설해주고 완공 때까지 매년 중유 50만t을 공급해주는 조건이었다. 남한 보수정권이 내 입을 막고 미국의 눈과 귀를 막음으로서 그처럼 바보 같은 협정서가 체결되게 된 것이다.

7월 8일 김일성 주석이 사망하였다. 김일성주석이 사망한 와중에도 제네바에서는 제3단계 1차 북미회담이 진행되었다.

8월 15일 김영삼 대통령은 8·15 경축사에서 북한이 핵 투명성을 보장하면 경수로 지원 용의가 있다고 천명했다. 당시 경수로 지원은 매우 잘못된 선택이자 치명적인 실수였다.

그 잘못된 선택으로 남한은 북한 신포 지구에서 10년 동안 허송세월을 보내고 450억 원 어치의 장비를 버려둔 채 철수해야 하였다. 뿐만 아니라 남북협력기금 경수로 계정의 부채 11억3700만 달러를 북한에 제공하였다.

경수로 지원대신 북한의 핵에너지 개발을 남북이 합작하고 거기서 생산된 핵연료봉 전량을 남한의 원자로에 가져와 소비하며 북한에 전기를 공급해주고, 또 남한에서 소비할 전력생산을 위해 소비되는 핵연료봉도 북한에서 수입하는 시스템을 마련했더라면 북한의 핵문제는 가장 빠르고 완벽하게 해결할 수 있었다.

하지만 애석하게도 당시 보수정권의 지능은 매우 낮은 수준이어서 그 절호의 기회를 놓치고 말았다. 그 시간 나는 정보기관의 작은 방에 갇혀 있었는데 창문에는 철창이 쳐있고, 방안에는 24시간 감시하는 카메라가 작동하고 있었고, 문 밖에는 24시간 지키는 무장보초가 있었다. 그렇게 나는 철창 밖의 하늘만 쳐다보며 가슴만 치고 있었다.

10월 21일 북미 제네바회담 합의서에 서명하였다.

그 후 미국은 북한의 핵개발을 동결시켰다는 자신감에 도취되어 긴 연휴를 보내며 북한에 40억 달러 이상의 지원을 하였다. 2000년대 초반까지 매년 1억 달러 이상을 지원했다. 한국정부도 제네바회담의 합의 이행에 따라 북한에 11억3700만 달러를 제공하였다.

이처럼 당시 남한의 보수정부는 북한에 엄청난 기회를 제공하였고, 북한은 그 기회를 이용하여 이미 동결되었던 핵개발을 재건할 수 있었다.

그로부터 8년 후인 2002년 10월 3일 미국 특사 제임스 켈리 일행이 평양을 방문했다. 다음날 10월 4일 아침 북한은 켈리 일행에게 "우리는 우라늄 농축 핵개발은 물론 더 무서운 것도 가지고 있다"며 큰소리로 외쳤다.

2006년 10월9일 10시35분 북한은 1차 핵실험을 진행하였다.

12년 전 1994년 제네바회담 전까지만 해도 정밀기술의 부족으로 핵실험조차 할 수 없었던 북한이었다. 그런데 그 제네바회담 이후 미국과 남한에서 많은 경제적 지원을 받으며 12년 동안 핵실험을 할 수 있는 정밀기술을 습득한 것이다.

하지만 그 핵실험도 정밀기술의 부족으로 20분의 1정도만 겨우 폭발하였다. 그리고 3년 후 2차 핵실험에서 정밀기술이 보완되었다.

2009년 5월 25일 북한은 2차 핵실험을 진행했다. 이때 핵실험은 1차 핵실험에 비해 20배 이상 큰 폭발력을 나타냈다.

2013년 2월 12일 북한은 3차 핵실험을 진행하였다. 하루 전날 북한은 미국과 중국에 핵실험을 진행 중이라고 통보하였다.

2016년 1월 6일 북한은 4차 핵실험을 진행하였다.

2016년 1월 6일, 한국 시간으로 오후 12시 30분에 조선중앙TV는 중대발표를 하였는데, 2015년 12월 15일 김정은의 명령으로 추진한 수소폭탄 실험이 성공하였다고 주장하였다. 또한 조선중앙TV는 김정은 국방위원회 제1위원장이 수소탄 실험 명령서에 사인하는 모습과 친필 실험 명령서를 공개하기도 하였다.

부록_
통일 염원의 흔적들

　사진에서 본인 뒤에 보이는 것이 우라늄생산 공장입니다. 맨 앞에 남천강이 흐르고 그 뒤에 전기철조망을 친 콘크리트 담장이 있고, 4층 건물로 보이는 것이 우라늄폐기물처리 직장입니다. 실제로는 3층 건물인데 밖에서는 4층으로 보입니다. 건물 앞에는 몰리브덴을 생산하는 공장이 있습니다. 본인이 근무한 직장에서는 우라늄을 생산하고 남은 폐기물에서 몰리브덴, 니켈, 라듐 등의 희유금속을 생산했던 것입니다.

건물 뒤에 검은 색의 쌍둥이로가 보이는 것은 석회를 굽는 로입니다. 석회로 우라늄을 포획하고 침강시켜 처리하기 위한 것입니다. 구워진 석회석을 마광기에서 200메쉬로 습식 분쇄하고 우라늄 폐액에 첨가하여 0.4 감마까지 떨어뜨려야 하는 것입니다.

석회로 뒤에 흰색의 높은 굴뚝은 바나듐을 생산하는 공장의 굴뚝입니다. 멀리 보이는 산의 경사면에는 우라늄광석을 파쇄하는 직장이 자리 잡고 있습니다. 우라늄을 침출하고 생산하는 직장들은 왼쪽으로 배치되어 있는데 사진에서는 보이지 않고 있습니다.

평양을 마지막으로 떠난 석 장의 차표입니다. 북한에서 열차상급침대를 이용하려면 3개의 차표가 있어야 했는데 일반차표, 급행표, 침대

표 등이 있어야 했습니다. 남한의 보수정부는 저의 신분을 작업반장으로 조작하고 기자회견을 시켰는데 이 차표들은 작업반장의 신분으로 사용할 수 없는 것이었습니다.

당시 길림에서 북경으로 출발한 차표입니다.

한국정부가 버릴 수밖에 없었던 북한 신포 금호지구의 경수로 모습입니다.

이 수첩은 당시 중국 연변에 있는 서시장에서 구입한 것입니다. 남한에 온 탈북자들은 조사기관에서 소지품 검사부터 받는데, 이 수첩은 그 소지품에 속했던 것입니다. 그런 즉, 이 수첩에는 당시 저의 심경과 사상이 고스란히 담겨 있습니다. 아울러 이 수첩은 당시의 제 뇌구조와 같다고 할 수 있습니다.

수첩의 첫 장에 다음과 같은 심정을 표현했습니다.

천하 남아로 태어나
력사를 창조함은 숭고한 대사라

내 뜻을 가졌다면

백의 형제 모두 불러

백두산의 불돌로 청기와 집을 짓고저

동해의 푸른 물에

마음의 고름을 삭이며

천세 만세 복락을 누려보리

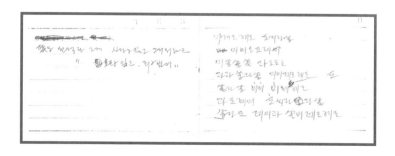

제가 지은 노래의 음과 함께 당시의 심정을 짤막하게 기록했습니다. "뜻을 선택한 그대 사랑을 잃고 그리워하고 효도를 잃고 죄를 빌어"

앞에서 소개한 노래 가사입니다.

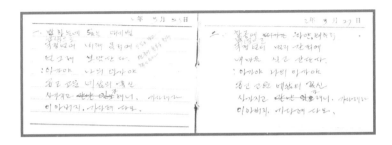

북한에 두고 온 두 딸을 그리며 지은 노래 가사입니다.

밤하늘에 웃는 아기별

국경 넘어 비쳐올 적에 널 그려 보았단다

아가야 나의 아가야

곱고 고운 네 삶의 꽃신 사가지고 가려니

기다려라 이 아버지 기다려다오.

창공에 하얀 배 한척

국경 넘어 멀리 갈 적에 내 마음 싣고 간단다

아가야 나의 아가야

곱고 고운 네 삶의 꽃신 사가지고 가려니

기다려라 이 아버지 기다려 다오.

사실 북한을 떠날 때만 해도 남한에 올 생각은 전혀 못했습니다. 그래서 어린 두 딸과 약속까지 했습니다. 출장 갔다 오면서 예쁜 신발을 사다 주겠다고. 그런데 그 약속을 지킬 수 없게 되었습니다.

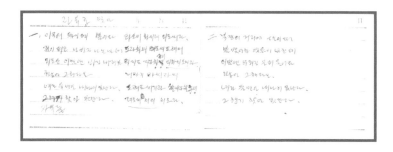

망명자의 심정을 노래로 지은 가사와 악보입니다.

이국의 들 가에 봄이 와

꽃이 피고 나비가 나는데

외로운 이 맘엔 비가 내려요

하늘아 그쳐다오

네가 울면은 내 나비 못 난다

그 향기 찾아 못 간다.

북경의 거리에 달이 떠

봄맞이한 웃음이 넘친데

이 맘엔 우레가 슬피 울어요

하늘아 그쳐다오

네가 울면은 내 나비 못 난다

그 향기 찾아 못 간다.

당시의 심정을 노래한 가사와 악보 내용입니다.

내 이 길을 떠날 적에 술잔을 나뉘던

그날의 벗과 맺은 장부의 맹세여

천하의 남아로 태어나

품은 뜻 못 이룬다면

내 어이 이 세상에 대장부라 하랴

가는 길 험난하다 하여도 되돌아서지 말자고

맹세를 다짐한 나의 동무야.

가는 길 위에 가시덤불 막아설 적에면

가슴에 사무치는 그날에 추억이여

내 청춘 불태우던 그 시절에

품은 뜻 못 이룬다면

내 어이 고향으로 떳떳이 돌아가랴

가는 길 험난하다 하여도 되돌아서지 말자고

맹세를 다짐한 나의 동무야.

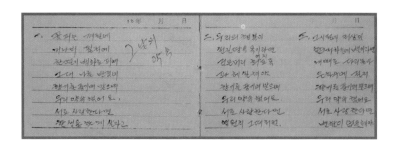

결혼식 때 아내에게 바쳤던 시를 가사로 만든 것입니다. 그 후 아래
내용으로 완성했습니다.

꽃피는 계절에 내 나비 될 적에

한 떨기 백화로 피어

그대 나를 반겼지요

향기를 날리며 나누며

우리 약속했어요

서로 사랑한다면

한생을 함께 살아요

그대의 소원 저 하늘 별이라면

내 뼈로 다리 놓아 은하수 건너리라.

그대의 행복이 천길 땅속 옥이라면

내 머리 희어지도록

한생토록 파헤치리

우리는 견우와 직녀 되어

굳게 약속했어요

서로 사랑한다면

한생을 함께 살아요

그대의 소원 저 하늘 별이라면

내 뼈로 다리 놓아 은하수 건느리라.

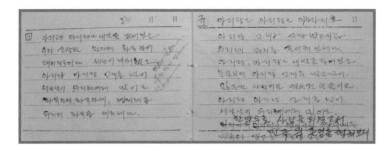

아래와 같은 가사입니다.

아리랑 아리랑아 내 말 좀 들어 보소

우리 조상은 천하에 화목하여

예의지국이라 세상이 부러워했소

아리랑 아리랑 고개를 넘어

세상살이 우리 헤어져 있어도

화목하세 화목하세 형제네들

우리의 화목을 이루세나.

아리랑 고개를 그만 넘으시고

우리네 과거를 돌이켜 보세나

아리랑 아리랑 내 말 좀 들어보소

눈물 속에 아리랑 고개를 넘고 넘어

잃은 건 사랑이요 얻은 건 슬픔이요

아리랑 아리랑 고개를 넘어

세상살이 우리 헤어져 있어도

한맘으로 사랑을 되찾고서

민족의 존엄 떨쳐보세.

이 외에도 여러 노래들을 지어 당시의 심정을 달래었습니다. 그러니 정보기관에서 이 수첩을 조사하며 저의 뇌구조를 충분히 들여다보고도 남았을 것입니다.

은둔 생활 때의 모습입니다.

3년 동안 지은 시 원고에 기대에 찍은 모습입니다. 그 3년 동안에도 머릿속을 지배하는 건 오로지 한 가지 생각뿐이었습니다.

"그때 기자회견에서 진실을 밝힐 수만 있었어도, 참 좋았을 텐데."

통일 콘서트를 하는 여러 장면들입니다.

'평화를 사랑하는 시인의 밤' 행사에 참가한 고양시장과 시인들의
모습입니다.

일본 도꾸마 출판사에서 출판된 저의 수기입니다.

일본기자들에게 책에 대하여 설명하는 모습입니다.

일본 신문들에 실린 본인에 대한 기사내용입니다.

일본 TV에 출연하여 생방송을 하는 모습입니다.

일본국회에서 기자회견을 하는 모습입니다.

홍대입구 식당가에 있는 공원에 세워놓은 수레입니다.

　저는 이 형틀을 목에 걸고 사명을 다하지 못한 죄인의 모습으로 시를 낭송하며 메시지를 전했습니다. 여의도에서 신촌으로, 또 홍대입구로 옮겨 다니며 몸부림쳤습니다. 형틀에는 다음과 같은 메시지를 써놓았습니다.

　'북한을 기회의 땅으로 만들고, 대한민국을 전 세계에서 가장 잘살고 강대한 나라로 만들 수 있는 방법을 알리기 위해 추위를 무릅쓰고

나왔습니다.'

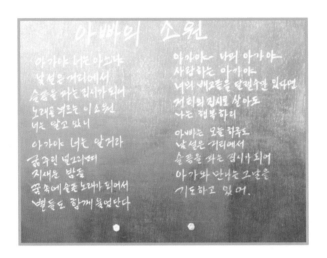

수레 안으로 들어가는 문에 써놓은 가사입니다.

수레 안에 있는 음향기입니다.

저는 이 음향기를 배낭에 지고 수레를 끌며 통일의 소망을 노래하고 시를 낭송했습니다.

수레 한쪽에는 이명박 대통령에게 보내는 편지내용을 붙이고……

다른 한쪽에는 저의 몸부림을 표현한 사진들과 함께 시를 붙였습니다.

임진각 평화의 종을 머리로 헤딩하는 장면입니다. 정말 북한의 핵

개발을 평화적으로 해결하고 한반도의 통일을 이룰 수만 있다면, 그래서 북한에 두고 온 사랑하는 가족과 다시 만날 수만 있으면 머리가 다 부서지는 한이 있더라도 그 평화의 종을 울리고 싶은 심정입니다.

온몸으로 평화의 종을 울리는 모습을 표현한 것입니다.

북한 핵개발은 남한 보수정권에 의해 완성되었다!

임진각에 멈춰선 기차를 끌며, 고향으로 돌아가고 싶은 마음을 표현한 것입니다.

멈춰선 기차를 끌고 밀며, 분단의 장벽을 허물고 싶은 소망을 표현한 것입니다.

딸애들의 신발을 임진각 평화의 다리 철조망에 걸어 놓은 모습입니

다. 딸애들에게 출장 갔다 올 때 신발을 사다 주기로 약속했었습니다. 하지만 그 약속을 지키지 못했습니다. 그래서 해마다 딸애들의 생일 때면 그 애들의 신발을 샀는데 전해줄 수가 없어 철조망에 걸어 놓은 것입니다.

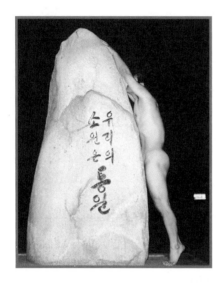

통일공원에 있는 비석과 한 몸을 이루며 간절한 소망을 표현한 것입니다.

남한에 와서 궁지에 몰린 저의 인생을 표현한 모습입니다.

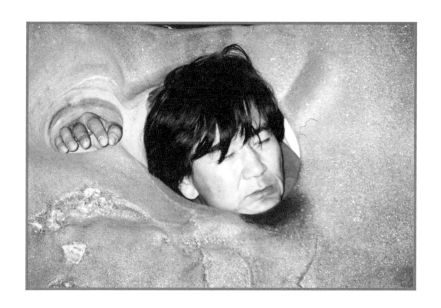

이 땅에서 매몰된 저의 삶과 소망을 표현한 것입니다. 아직 디지털 카메라가 없던 시기에 찍은 것이어서 비록 화질상태는 안 좋지만 저의 한과 통일을 향한 소망이 고스란히 담겨 있습니다.

이토록 저의 소망은 미친 듯이 간절했습니다. 그래서 맨발에 쇠사슬이 달린 수갑을 차고, 목에도 쇠사슬을 걸고 그 무거운 수레를 끌며 여의도를 미친 듯이 누비기도 했습니다.